每一個「向下墜落」的低谷，
都是引領生命「向上提升」的契機。

踏上生命的第二旅程

FALLING UPWARD

A SPIRITUALITY FOR THE TWO HALVES OF LIFE

RICHARD ROHR
理查・羅爾——著
王淑玫——譯

獻給我的弟兄—方濟會的修士們。
在我生命的第一階段，
他們充分地培養了我的技能與靈性；
他們也為我那段更進一步的美好旅程，
提供了基礎、空間與呼召。

生命中最大、最重要的問題，基本上是無解的。
永遠無法解決，只能超越。

——榮格（Carl Jung）

先有墮落，然後我們從墮落中爬起。
兩者皆來自神的恩典。

——諾里奇的猶利安（Lady Julian of Norwich）

目錄

專文推薦

信仰，是宗教經驗自然生發的！

王季慶

本書編輯要我推薦此書。一聽是位天主教神父的大作，我猶豫。心想以我少年時天主教的背景，對天主教有一定的認識，其中有些恐怕與我後來致力研究並推廣的「新時代思想」杆格不入，我也不認為有資格去批判！但經編輯簡單解釋，我仍承諾先拜讀，再做道理。

一旦開卷便慶幸我沒錯過這樣一本好書！從頭開始，理查．羅爾神父的話語便一而再地擊中我的心，說我「含著喜淚」細細讀完一點也不誇張！

算來理查神父與我年紀相當，而我多時反思此生種種，自二〇一一年才做了真誠的公開（告解）演講。就像一篇小說，充滿了曲折的起承轉合。

從三十六歲起自覺地踏上自我求道之路，仍是踽躓不已，屢仆屢起。直到數年前，才寬恕了別人，也寬恕了自己。深深感受到神（天主、上天、源頭……無論其名為何）無條件的愛，亦即「聖寵」、「神恩」，從此臣服！信仰不再是理性辯證或心理渴求的目標，而是「宗教經驗」自然生發的！

理查神父由多年紮實修持及牧民經驗，融會各家而寫就此書，正由多方面描寫了他所謂的「人生第二階段」，讓我更清楚地看見自己的心路歷程而共鳴不已！

神父一開始就說：「神想從我們身上得到的，就是謙卑而光榮地交還我們所被賦予的作品——也就是我們自己！」還有：「真正的宗教就是我們早已參與某種善美的直觀。」我個人自己也覺悟到，生命的價值就是以宗教所謂的「信望愛」呼應與追求「真善美」。不過，這種說法是不為「第一階段」的人們瞭解和認同的。

神父不止一次感嘆說，世上大部分的人都只追求第一階段的完成與成就，亦即世間的名利富貴，雖然我深有同感，不過由於多年的探索研究，相信新時代式的「轉世」，減輕了對此狀況的憂慮，而相信每個人有其自己的緣分與過程，無論過程如何，終將返回源頭，體會回家（與神合一）的無上喜樂。

「神愛世人」，甚至賜與我們自由意志，以致我們可以不認祂、可以「以小人之心」去臆測、曲解其心意，甚至壟斷對祂的定義與解釋。難得有理查神父，從整合的觀點去修正了一些「第一階段」傳下來的褊狹教導，他的睿智、寬容與慈悲是廣大天主教友們的福份，為他們開了通往「第二階段」的門，感謝天主！

讀完此書，不禁要和他一同歡呼：阿肋路亞！

（本文作者為中華新時代協會創辦人）

專文推薦

嚴肅而清醒的快樂

林思伶

「在第二階段的人生中，我們可以試著讓一切歸屬於統一場內，即使是那些最痛苦、被排除的部分也一樣歸屬進去——尤其是那些不一樣，從來不曾有過機會的人。如果我們原諒自己的不完美和墜落，現在我們幾乎可以原諒所有人了。」[1]

「如果這本書沒有為你把一切都變得很簡單的話，那就是我哪裡做錯或是你哪裡聽錯了。諷刺的是，在到達第二次的單純之前，你必須先經歷過必要的複雜，因為從第一次到第二次的單純之間，從來就沒有直達的班機。」[2]

「一切對邪惡的攻擊，只會在我們的內在製造出另一種惡，此外還附加了高漲的

1 見205頁。
2 見206頁。

自我形象，並且會刺激被我們攻擊之人的反擊。」3

這星期我手捧此書，一句句地劃出心有所感或生命中曾經驗過的段落，隨著閱讀的深入與自身經驗的相互滲透，螢光筆標示得越來越多。直到作者的一句話：「如果這本書沒有為你把一切都變得很簡單的話，那就是我哪裡做錯或是你哪裡聽錯了。諷刺的是，在到達第二次的單純之前，你必須先經歷過必要的複雜。」這句話正應證了我閱讀此書的經歷——嚴肅的輕鬆！

閱讀本書，也沒有直達車！最先就是令人驚豔的英文標題「墜落的上昇」(Falling Upward)，然後是對「向上墜落」的擁抱；先是概念闡述、然後是隱喻、神話的對照，接著是個人經驗的分享，終於，來到「光明的哀傷」，就這樣，當願意選擇走上第二階段生命旅程的人開始有些成熟，將會發現「生命第二階段有種莊嚴感，但是卻被一種更深刻的輕鬆感，一種『還不錯』的感覺托起，而這成熟時期的特質，就是一種光明的哀傷以及嚴肅而清醒的快樂。」在本書結束前，讀者可能還會明白到了人生的第二階段，我們對一切事物、經驗甚或大多數的人，都不會再有強烈而絕對不能改變的意見，正如我們也不再因他人或任何事物的取悅而高興或悲傷。正如作者說：「此刻的我們更能改變他人，但是我們卻不再需要，我們從『做』轉為『存在』！」

這段簡約的摘要或許可以帶領你仔細地品味，這本以靈修發展為重要使命的團體分享予世人的好書。我相信這著作的問世一定有它的意義，這書來到正在體驗墜落的我的面前，也一定有其意義！

當然，每一本有用的書，都會提醒我們「美好的結果不會白白且不經探詢就來，即便是恩寵，也要在抵達之前經過充滿矛盾的歷程」，因為在人生的第二旅程，我們常要面對過去我們拒絕承認，也不想讓人看見的陰暗自我。在第二階段的生命旅程中，我們因為對「虛假」、「幻象」以及宇宙「陰陽」、「弔詭」的理解、通透，進而轉化這些曾經使我們墜落的陰暗。最後，我們自己終將從「罪惡的管理者」提升成為「罪惡的轉化者」，而展開生命的第二旅程。

3 見210頁。

「完整的人不論走到那裡，都能看到完整、創造完整，」[4]我稱這人將具有療癒的影響，「切割的人，不論遇到什麼事，都只看見切割、造成切割而從切割到完整的人生觀，就是我們如何在墜落的混亂中抵達上升！」[5]那讓我們能夠開始啟程上升並抵達完整的元素，我稱為恩寵！

作為生命教育的工作者，我熱誠地將此書推薦給所有神職人員、教師、醫師及各類生命的影響者與組織領導人！

（本文作者為輔仁大學教授、生命教育基金會董事長）

4 見248頁。
5 見248頁。

專文推薦

生命的智慧

吳伯仁

接到出版社的邀請，為一位方濟會會士的著作寫推薦序。身為一位耶穌會會士的我，覺得有些納悶。又說即使我沒有時間寫，也希望我能夠掛名推薦，頓時讓我更覺好奇，這到底是怎樣的一本書？為何出版社希望我能熱情地推薦？

拜讀這本書時，就被中譯版的書名《踏上生命的第二旅程》所吸引。腦海浮現的是鮑伯·班福德（Bob Buford）寫的《人生的下半場》（*HALF TIME*），內容主要是論及人生就像一場球賽，分上半場和下半場。人生的上半場都是為工作和家庭而奮鬥，為成功、成就而活。而各人應在人生下半場前的中場休息，也就是中年時期，思考反省如何走人生的下半場，由自己主導，按自己深感有意義的事業而活，進而活出有意義和充實的人生。

本書作者理查．羅爾神父，以身為方濟會教師的身分，指出我們是身處在一個強調「生命第一階段」的文化環境裡，基本上關切如何成功地生存。或許直到現在，大多數人都只活在第一階段中，因為光是第一階段性的任務，就幾乎佔據所有的時間。但當我們注意並汲汲尋求「任務中隱藏的任務」的完整性時，生命的第二階段就悄然來臨。相對於班福德，羅爾指出每個人進入生命第二階段的時間，不一定是按照年齡發生的，有些人早年經驗各種磨難，學得人生智慧，年紀輕輕就已身處第二階段的人生旅程。第二階段的旅程是被奧秘所引導，走上「精神成熟」的旅程，邁向生命「整合領域」、圓融的境界。

再看本書的原名「FALLING UPWARD」似乎更不容易理解。這兩個英文字放在一起，實令人疑惑：何謂「墜落的向上」？其實，生命的智慧就在於此，就在這「似非而是」的論述中：「向上的路就是向下的路」或者「向下的路就是向上的路」。這讓我想起一位在晚唐出生，生活於五代的佛教高僧布袋和尚，他的一首詩《插秧偈》：

手把青秧插滿田，低頭便見水中天。

六根清靜[1]方為道，退步原來是向前。

這首詩寫的是農夫插秧的情形。農夫手拿青秧，只是低著頭，心頭沒有任何其他的掛念，一心想要秧苗插進田裡。他便一邊插秧、一邊後退。最後恍然大悟，原來退步原來是向前！這已從生活的實際人生，轉為生命的哲理。古人的俗諺亦提及「以退為進」之道。又言：「忍一時風平浪靜、退一步海闊天空。」

這「向下的路就是向上的路」，在大自然中隨處可見，也是人生的必經之路。因為人必須透過跌倒，才能學會如何重新爬起來；正是曾從腳踏車摔下來過，才明白什麼叫作平衡。失落、挫敗、墮落、犯罪，以及來自於這些行為的苦難必定會發生，必定會發生在你我身上，無人倖免的。羅爾更進一步指出：唯有那些經歷過向「下」的人，才能了解什麼是「上」；也唯有那些為了某種原因而狠狠墜落過，並且從中好好學習的人，才能向「上」而不濫用「上」。

對於這條「似非而是」的道路，羅爾以希臘神話奧德修斯英雄的故事來作鋪排和

1 本句有不同的版本，「身心清靜」、「心地清靜」也好，「內心清靜」也罷，主要提及的是清靜之道。

陳述，也讓我們更深地看到奧德修斯的旅程，其實是我們每個人內在渴望追求生命意義圓滿的旅程，也是本書想要闡述的骨幹。追尋、召喚、離開、受挫、尋獲、回到出發點、分享，而後再次踏上另一追尋的旅程。正如艾略特（T. S. Eliot）在他的一首詩中所描述的，在探索的盡頭，我們回到了出發點；於是，我們開始認識那地方。這也是經歷一段「見山是山、見山不是山、見山又是山」的人生歷程。

這是一條不斷追尋和「逾越」的旅程，是經由人生經驗的累積而延續的，無法藉由閱讀，知識的搜尋擷取，使人從第一階段進入第二階段。每一世代都必須自行開展自己的靈性旅程，每一個人也必須親身走過，無法替代的，因此完全在於你自己。

願已在人生旅程上行走的你我，藉著本書的描述，讓我們個人的生活能走上成熟、整合和圓融的境地；反之，也讓我們所經驗的一切，來印證書中所描述的，學會傾聽和服從內在更深沉的神的聲音，使假的自我死去，真實的自我呈現，直到回到生命的源頭。

（本文作者為彰化靜山靈修中心主任、輔仁聖博敏神學院教授）

專文推薦

人生旅程的「衛星導航系統」

施以諾

西方有句諺語：「人生，就像一場旅行。」似乎是一個很貼切的比喻，這本《踏上生命的第二旅程》亦是這樣形容我們的人生。本書的作者理查・羅爾是位方濟會的神父，在新墨西哥州的阿布奎基市創立了「行動與默觀中心」，他精通於基督宗教靈修學、男性靈修學、政治與靈修等議題，不是一個教條化的神職人員，而是一個很懂得把信仰給生活化的神父。

信仰重要嗎？我個人覺得相當重要！如果「人生」就像一場旅行，那麼，我認為「信仰」就像是您我人生旅途中所需用的 GPS（衛星導航系統），容我這麼說，每個人都是第一次來到世上，我們不能從頭再活一次，是以人生這趟旅程，對每一個人而言都是一趟「人生地不熟的新旅行」，不知道哪裡值得去？目的地該怎麼走？如果是我，我還真需要有一台GPS呢！本書所談的信仰，可以給您以下三個幫助：

◆為你找到「目標」

就像一台品質良好的GPS，它必能為您找到目的地。而人生的目的是什麼？恐怕許多人終其一生都說不上來。本書提到了一個很棒的信仰觀，人生真正的目標是「大愛」！可不是嗎？人的一生不在於您我贏過多少人，乃在於您我曾經有心去幫助過多少人！本書中甚至形容某些有大愛的人們是「活出了人類的完整」，並露骨地形容道：「比起現今我們過於關切的名人和政客，那些有大愛的人才是我們人性的典範和目標。」的確，人生的目標是讓自己成為一個有愛的好人，而不是一個處處爭競、勾心的高手，後者就算成功了，也將失去了身為一個萬物之靈的意義。在人生的旅途中，您的「目標」定對了嗎？

◆為你規劃好的「路線」

人生就像一趟旅行，有了「目標」之後，也要走對「路線」！本書中暗示，每一個人都會變老，但許多人卻都只有「變老」而沒有「變好」，為什麼？因為找不到該走的路線與引導。

書中有一段很莞爾的描繪句：「睿智的引導總是十分難尋。你會較常遇到為你塑造金牛犢的亞郎（亞倫），而較少遇到引導你出谷的梅瑟（摩西）。」如果您知道這段故事的典故，必然會更加覺得發人深省。怎麼說呢？在當下人們的眼中，「亞郎」與「梅瑟」這對兄弟都算得上是當時德高望重的名人、領袖、神職人員，但一個總是帶領群眾走出困局，一個卻在極關鍵時刻，帶群眾走錯了路線。由此可見，同樣都是「名人」，但並不是每個名人的話都可以照單全收的。

其實，這也不見得是個太複雜的議題，我們都以成為有愛的人為目標，但上天給每一個人所預備的道路、路線都不同，找到自己的路線，我們的生命就會有意義。

◆走錯路了，助你「重新計算」

人生就像一場旅行，除非您我是聖人，否則一定會有走錯路的時候，一定會有需要改正路線的時候。本書中也提到，當初耶穌最先宣揚的訊息就是「改變」！他告訴他的聽眾要「悔改」，這其實就是改變心意的意思。

就像一台品質良好的GPS，當我們不慎轉錯路時，它會為我們「重新計算」，讓我們重新再找到朝目標前進的新路線。

人生，就像一場旅行，每一個人都是這趟旅途的新手，此時，「信仰」就像是您我旅行所需用的GPS；當然，在這個強調宗教自由的年代，「信仰」有千百樣種，但就像3C用品店裡有賣琳瑯滿目的GPS一樣，好的GPS給您幫助，壞的GPS恐怕會把您給帶到深山裡或河道裡！品質差異頗大。

而我敢保證，這本《踏上生命的第二旅程》中所提到的信仰觀，猶如一台品質卓越的GPS，可以助您在人生的旅程中穩健前行！畢竟我們是在地上走，而造物主是從天上往下看，祂看得比我們清楚多了！我相信這也是本書作者理查．羅爾神父的理念。

人生，就像一場旅行，讓我們一同開心前行吧！

（本文作者為輔大醫學院職能治療學系副教授）

專文推薦

攀登生命高山的旅途指南

黃敏正

本書是作者羅爾神父向「人類」發出的一份邀約，激勵人們勇敢「踏上生命的第二旅程」，那是「英雄的旅程」。這旅程挑戰極大，需要智慧，更需要操練。生命的智慧在於蛻變，蛻變之道在於「必要的苦難」，羅爾稱之為絆腳石、陰影、墜落、死亡。

羅爾將生命剖分為兩階段，並以十多種角度闡述第一階段生命與第二階段生命的區別，例如：建造容器與灌注內容，實現自我與改變自我，生存之舞與神聖之舞，追求肯定與焚燒給予，屬世生命與屬靈生命，制度規章與神恩創意，身為人與作為人，束縛否定與釋放肯定，書寫內文與內文評論，切割的人與完整的人，怪罪人地事物與追求真相等等。

生命應儘早跨越第一階段，邁入第二階段，那是一種統一場、圓滿、共融、平靜、自由、光明、真實、真相的境地。活於第二階段的生命是天、人、物、我四種關係皆達於深度歸屬的生命，是包容一切而不需偽裝與彼此對抗的智者，這就是真我、滿懷感恩又利他性的生命。

「多年來我一直祈禱，希望每天遭遇一個像樣的羞辱。」這是該書論點的核心，也是羅爾的心聲。這句話著實令我驚異與沈思，難道羅爾神父是一位被虐待狂？天下哪有人渴求被羞辱！入會誓發初願將屆金慶（一九六二年八月十六日）的羅爾不愧是方濟的弟子，完全了悟並活出其會祖方濟的神恩：在苦難中成長與自由。按聖文德於一二六三年寫成的《聖方濟傳》，描述道：「方濟經常為了別人的頌揚而煩惱，人如侮辱他，他反倒喜出望外。他喜歡人們的責斥，因為這能刺激他長進。」方濟曾在亞西西的街道廣場上，叫一位弟兄在方濟的脖子套一條粗繩，使他猶如罪犯一般被拉著公然示眾。

羅爾以極大篇幅強調打擊與苦難的必要性，由第一階段逾越至第二階段的捷徑就是致命的打擊，它能幫助人由徹底的失敗中覺悟，進而蛻變出新生命。絕大多數的人們就是因為迴避這條路而「仍舊陷溺於生命第一階段的泥淖中」，而且，「拒絕接受身為人而必有的痛苦，長期以來，將帶給人十倍的苦痛。」

探尋羅爾大作的智慧，有三難關要克服：

其一，羅爾剖析人性心理的深度、廣度和細微，常是讀者尚未覺察的生命內涵。閱讀其書時必須努力將其論述貼合在自己的生活經驗中，經過三番兩次地比對後才能會心領悟。因此，令人常有追不上的納悶，特別是「反調」的例子相當多。

其二，羅爾引述聖經超過八十八次，為那些無聖經根基者自然是一大挑戰。然而，其對聖經的解析確實令人欽佩，他揭示了耶穌的言行是活於第一階段者的挑戰，耶穌的生命是活於第二階段者的楷模，「耶穌總是在較深的層面上一針見血，耶穌總能歸結論述。」

其三，羅爾引徵各類學派理論和各方聖賢名言，其涉獵之廣令人望塵莫及，讓不是學者專家的讀者，有一種被阻隔於外的奈何。

羅爾指出第一階段的生命欲踏上生命的第二階段，有賴於長者、先見者、智者、真正開悟者、屬靈人士的協助。相信羅爾神父自身的努力目標以及對讀者大眾的期許，就是成為一位「靈魂的朋友、導師、懺悔者、精神導師、大師、靈修指導、先知、真理發言者」。這種第二階段的生命不是指死後的永生，而是在現世生活中就應攀登的屬神生命。

本書正是一本攀登生命高山的「旅途指南」，值得詳讀再三。

（本文作者為天主教台南教區副主教）

專文推薦

放下傲慢，享受下半場的驚喜

彭懷真

籃球賽的上下半場可以清楚切割，有中場休息為界。人生卻不容易劃分，什麼時候算是下半場呢？

對於王建民來說，受傷前與受傷後、外遇前與外遇後，人生截然不同。對於薄熙來而言，權傾一時與垮台後彷彿兩個人。維權盲人律師陳光誠，被軟禁時與冒險進入美國大使館後，完全不同。

我四歲半時從二樓的陽台墜落地面，滿身是血地送到台大醫院。所以，四歲半以後都是多出來的人生，都可說是下半場了。三十一歲獲得博士，從學生轉變為老師，是下半場嗎？五十二歲時辭掉擔任許久的學校主管職位，也覺得是人生第二旅程的開始。

多數人第一段旅程的重點是「獲得頭銜、成家立業、功成名就」等。最容易辨認這段旅程的成效是「名片」。自從卸任主管，雖然還有很多頭銜，我已經不印名片了。慢慢地，頭銜也會減少。頭銜是角色，第二階段我寧願多找「真我」。

「真我」如何找呢？教會歷史上最重要、著作最多的保羅，原本是逼迫基督徒的掃羅，但他遇見了他長期逼迫的耶穌，開始了奇妙、受苦、偉大的人生第二旅程。生活重心、價值觀、人際關係都徹底改變。以前所看重的如今視為敝屣，只有耶穌是至寶。「找到耶穌」，正確地說是「被耶穌所找到」。

如同本書前言所提到的：「真正偉大的愛，一定是一種發現、一種啟示、一種神奇的驚喜、一種墜入某種比我們更偉大、更深傲、更超越的存在之中的過程。」保羅經歷，從掃羅成為保羅。這樣的例子，在歷史上，不勝枚舉。我，也經歷過。與耶穌在一起，把小小的自己與大大的耶穌相連，小的存在與永恆的存在聯結了。

無數人的悲哀就是把「成就」看得比「存在」要來得重要，終身都在乎成就，而不反思存在的意義。我研究中年男子，也研究老年，感嘆絕大多數的人都如本書第一章最後所描述的：「抗拒改變！」不願意改變去擁抱永恆，去與上主聯結。從不跨出信心的腳步，享受人生第二個旅程的美好。

如同第二章所言：有些人自信而叛逆，沒有受過「放手」的訓練，拒絕做任何的犧牲，因此變成偽裝得很好的自戀者，只是成年的嬰兒。總是用第一階段人生的容器去迎接未來！這段話有如暮鼓晨鐘，太多人抓到一點小名小利小頭銜，到死也不願意放手，像小嬰兒拿到一個禮物就緊抱著不放。其實，未來還有多少更棒的等著呢！

人生第二個旅程的重點是放下，包括放下對兒女的控制。好些父母以自己的成見看待兒女，認為兒女應該按照自己的期待去工作、去結婚，兒女不順著自己的意思就勃然大怒。多少華人的父母控制兒女，即使兒女長大了，還不放手。兒女被迫像個嬰兒，繼續依賴父母。誠如第四章所分析的：「人生最難的是放下自己的傲慢、拒絕謙卑。」願意承認兒女的自主，謙卑地接受兒女應該展翅飛翔，自己才可能迎接人生第二個旅程。

人生的上半場主題是「成家立業」，成家代表離開原生的家庭，與心愛的人組成新生的家庭。下半場的主題反而是「回家」，當我們靠近老年階段，靠近人生的終點，經歷了本書第五、第六章所提到的各種苦難，要到哪裡去？這個疲憊又處處是病痛的軀體要如何重新得力、不病不痛呢？

許多戲劇的主題環繞在「家，是回不去的了！」我最近五年先後辦了母親與父親的喪禮，送別父親時對妻子說：「我已經是孤兒了！」妻子說：「其實你小時候就是孤兒，還好耶穌照顧你。」的確如此，那個童年常以淚洗面的男孩，提早開始第二個家庭，如今兒女各自組成新的家庭，我與老伴快樂享受人生下半場。更因為耶穌，我們可以羨慕一個更美的家鄉，就是在天上的，天家不遠，我昂首闊步地走第二階段的旅程，因為這段旅程的終點是天家。

這本書很棒，我有幸先睹為快。但要慢慢品味，誠實地檢視自己。如此，在充滿挫敗的人生中，能夠在下半場享受驚喜，甚至能逆轉。

（本文作者為東海大學教授、中華民國幸福家庭協會理事長）

作者序

繼續邁進的邀請

我們生命中第二階段的旅程在等待著我們。雖然大家的年紀都會逐漸增長，有些人甚至更為年長，但卻不是每個人都有機會踏上這趟旅程。基於某種原因，「進一步的旅程」是個祕密，許多人甚至不知道它的存在。知道它存在、願意述說它、明白它與第一階段的旅程有何差異的人，實在太少了。那我為什麼企圖要照亮昏黃的小徑？為什麼我自以為有話可說？為什麼我要為那些仍舊愉悅地走在第一階段旅程的人而書寫呢？

促使我書寫的原因，是以我四十年來擔任方濟會教師，在許多不同宗教、國家和機構裡，發現有許多人仍舊陷溺於生命第一階段的泥淖中。我的意思是，大多數人仍舊只關心要如何確立自己的身分（或是提升身分），為自己界定各種界線、尋求安全感，以及和看似重要的人物或計劃拉攏關係。沒錯，這些都是重要的任務，就某種程度而言，甚至是必要的。我們都企圖找到希臘哲學家阿基米德所說的「槓桿和支點」，好讓我們能夠改變世界一點點。如果我們不先做這項重要的任務，世界可能會變得更糟糕。

但我的看法是，人生第一階段的任務，不過是尋找出發的大門而已。那只是事前的暖身，而非完整的旅程；那是救生艇，而不是你要抵達的岸邊。如果你明白前方還有更遠的路要走，你可能會選擇截然不同的方式來暖身，好讓自己準備好面對下一個階段。不論你處在哪一個年紀，都應該知道自己生命的完整路程，以及生命的走向和目的地。

我們可以從很多地方認識這段更遠的旅程。從那些走完這段路程的人清澈的邀請聲中；從引導我們前往的神聖和世俗的文字裡；從我們自己對於進入這片新領域的觀察中；還有很可悲的，從那些從來不曾往那裡前進的人們身上；我們都能察覺、知曉這段更進一步的路途。進一步的旅程像一個誘人的邀請，也像某種給我們的承諾或願景。我們被它召喚著往前邁進，而不是被迫前往，因為我們每個人都必須帶著我們獨一無二生命所創造的混亂和素材，自由地踏上這段路途。不過，我們並不是非去不可，也不必隻身上路，在這段人生第二階段的旅程中，有路標、有模式可循、有嶄新的目的地、有一些警示，甚至還有**專屬的導遊**與我們相伴。我希望透過這本書，能夠在每方面都提供一些協助。

這些來源及資源，讓我有勇氣為這段更進一步的旅程繪製地圖，我也會一併提到第一階段旅程的某些部分——大多是和進一步旅程有關、需要詳細解釋的交匯點。正如本書章名所顯示的，一般來說，我認為這兩個階段的交匯點是某種「必要的苦難」。被絆腳石絆倒、與陰影對抗，這通常都出於一種渴求，為了追尋「我們自己」，追尋更多，或是追尋一種我稱之為「思鄉」的感覺。

我相信你看得出這張地圖的真相，那是我們「透過模糊不清的鏡子」（格林多／哥林多前書 13:12）所看到的來自靈魂深處的真相。在此同時，我們也透過清透的鏡子來觀看。無論我們用哪一種鏡子，都是由和我一樣的人類所製作的；然而，所有屬靈的語言，必然是隱喻和符號。靈光來自於他處，卻必然透過我們這些仍舊走在旅程中的人反照出來。正如我最近造訪開普敦時，圖圖大主教（Desmond Tutu）告訴我的話：「理查，我們不過是燈泡，我們的任務就是要**維持通電**。」

我相信，早在我們每個人「無玷成胎」[1]之際，神就已經把我們的靈魂——我們最深沉的身分、我們**真實的自我**[2]、獨一無二的藍圖——賦予了我們。從一開始，我們專屬的小天堂就已經由造物者親自安裝在成品內！祂給我們一段很長的時間，去發掘、選擇，並且完全活出我們的命運。如果我們不那麼做，我們**真實的自我**將永遠不可能以現在這個獨一無二的型態再度展現；或許這就是為什麼幾乎所有傳統宗教都用「天堂」、「地獄」之類的言詞來呈現這件事的理由。

探索靈魂是如此地關鍵重大，不論對我們自己還是對這個世界，都有同樣迫切的重要性。我們並不「製造」或是「創造」靈魂，我們只「培育」它們茁壯。我們是自己靈魂的笨拙看守者，我們受託要喚醒它。所謂的心靈成長，大多是學習如何讓這種與生俱來的成長和甦醒過程，能夠順其自然地發展。我們似乎要遺忘許多事物，才能回到「藏在天主內」（哥羅森書／歌羅西書 3:3）的根本。沒錯，轉換往往在於忘卻，而非學習，這就是宗教傳統所說的「皈依」或是「悔改」。

對我而言，沒有任何詩人說的比哲羅・曼理・霍金斯（Gerard Manley Hopkins）受思高[3]啟發的詩作〈翠鳥燃燒時〉（*As Kingfihsers Catch Fire*）更完美了：

凡物僅做一事，相同的一事：
展現居於內的存在。
我，自顧自地向前；訴說著**自己**，
吶喊著**我所為即我：是我來的目的**。

我們能回饋給神的——同時也是神想從我們身上得到的——就是謙卑而光榮地交還我們所被賦予的作品——也就是我們自己！如果所有的聖者與奧蹟都可信，那

---

1 編注：無玷成胎（Immaculate conception），指聖母瑪利亞蒙天恩而無原罪成孕。

2 我要很冒昧地在本書中以粗黑體來呈現這個名詞，這樣子你才會明白我不是指「微小的自我」或是「心理上的自我」，而是我們在神之內更大、更基本的自我。

3 董思高（John Duns Scotus，1266-1308）是方濟會哲學家，對牟敦、霍金斯等人影響甚鉅，對我們這些熱愛他有關神聖自由、宇宙基督、非暴力救贖神學，以及在本詩中關於這「本體」的美妙學說與精微論點的人，也有巨大的影響。對思高而言，神並沒有創造界門綱目科屬種的分類，而是創造了獨一無二被揀選的個體。每一個都是獨特的本體！見Ingham, Mary Beth, *Scotus for Dunces* (St. Bonaventure, NY.: St. Bonaventure University, 2003); Hopkins, Gerard manley, *Poems and Prose* (New York; Penguin, 1984), 51.

麼，這完成的作品對神的價值，遠超過對我們自己的價值。無論這神秘的真相為何，我們絕對都參與其中！因為真正的宗教就是一種我們早已**參與**某種善美的直觀，不管我們怎麼否認或閃躲都一樣。事實上，頂尖的當代神學已揭露了強烈的「轉向參與」的主張，和一般認為宗教僅僅是觀察、確信、道德主義或是團體歸屬感的看法完全相反。無須加入，只要承認、經歷，並享受**參與**，你就已然處身於基督徒所稱三位一體的神聖生命的**永恆之流**中了。

我們是否能找到**真實的自我**，要視我們被賦予的時間，以及我們在這段自由時間內的所作所為而定。生命確實是極其「重要」的，而如果我們願意去看，將會發現我們內心那個深沉的「我」，會在時間堆積而成的生命中逐漸顯露出來。最終極的信念，就是緊握住我們的**內在藍圖**——亦即我們的靈魂，然後謙卑地用愛與服事將它交回給世界、給神。

無論如何，萬事萬物、每個人都應當自然地完全展現出自我，那就是我們生命的目的，同時也是「自然法則」最深層的意義。我們的存在，就是為了把我們最初所接受的，在經過我們個人的增減之後，完全、自願地交還回去！這大概是我們所能做的最勇敢的自由意識舉動了，而這需要我們用生命的兩個階段才能完成。生命的第一階段是尋找劇本，第二階段則是真正地去寫作、並且擁有。

準備好面對一場偉大的冒險，一個你為之而生的冒險吧！如果我們永遠無法擁有屬於自己的小天堂，生命就毫無意義，等於創造了自己的「地獄」。所以，準備好面對一些全新的自由、一些危險的許可、一些突來的希望、一些意料之外的喜樂、一些絆腳石、一些極致的恩典，還有為你自己和我們這個苦難世界所承擔的嶄新而迫切的責任吧！

前言

向上和向下的道路

對年輕人而言很正常的目標，卻是年長時惱人的阻礙。

——榮格

沒有智者想要變年輕。

——美洲原住民諺語

在許多層次上都有證據顯示，人的生命至少有兩個重大的任務。第一項任務是建造一個紮實的「容器」或人格；第二項任務則是尋找這個容器注定要承載的內容。我們總是將第一項任務當成人生的目標，不過這並不表示我們就能表現得很好。而據我所知，生命的第二項任務通常是被動地遭遇，而非主動地追尋；很少有人是在事前就做好準備、知道方向，然後滿懷熱情地展開旅程。於是你可能會懷疑，既然如此，提供前方道路這樣一個指引到底有什麼意義。但是，這正是我們必須知道的原因：了解我們每個人即將面臨什麼樣的未來，極其重要。

我們處在一個強調「生命第一階段」的文化環境裡，基本上關切的是如何**成功地生存**。或許直到現在，歷史上大多數的文明和人們都只活在生命的第一階段，因為光是第一階段的任務就已佔據了他們所有的時間。我們都試著去完成生命最先交付我們的任務：確立自己的身分、家庭、人際關係、朋友、社群、安全，並且為我們唯一的生命創造適當的平台。

但是，我們必須花上更多的時間，才能發現我常說的「任務中隱藏的任務」——**當我們在做我們所做的事時，我們真正在做的事**。兩個工作內容完全一樣的人，其中一個可以懷著很明顯（或沒那麼明顯）的熱情活力投入自己的工作，而另一個人卻可能總是死氣沉沉。我想，我們大多數人的情況，都是介於兩者之間。

其實，我們對於他人能量（即活力）的反應，遠超過他們的言詞或舉動。不論是什麼情況，「接受」或「散發」這股能量才是你真正在做的事。每個人都感受、忍耐或享受得到其中的差異，但是很少人說得出具體到底是什麼情況。我為什麼會受到吸引，為什麼會覺得排拒？原因就是，我們都想要、也需要從別人身上獲得的，正是我所謂的**熱情活力**！就是這股活力，能夠吸引、創造並且連結萬事萬物。

耶穌說，你能夠透過樹的「果子」來區分它是好樹還是壞樹（瑪竇／馬太福音 7:20），他的意思是說，在生的能量中，一個族群或是家族會興旺而蓬勃，在死的能量裡，則會有流言、譏誚，以及隱藏在每個互動之後的猜忌。但是，你通常無法確認當中到底是怎麼回事，因為這是屬於生命第二階段的智慧，也就是保祿（保羅）稱之為「能辨別神恩」（格林多／哥林多前書 12:10）的能力。或許本書能成為這種辨別力和智慧的學堂，而這也是我衷心期盼的。

當我們注意到，並且汲汲於尋求「任務中隱藏的任務」的完整性時，我們就開始從生命的第一階段往第二階段前進了。而這個任務的完整性，和淨化我們的意圖，以及我們是否能坦然面對自己行為的真正動機，有很大的關係。這是艱難的工作。大多時候，我們對內在的任務總是毫不用心，直到我們外在的任務遭遇某種挫敗。雖然個中原因我還想不透，但這幾乎是不變的模式。

如果我們坦誠面對，就會發現在我們充滿希望的成長和成就中，生命其實是由許多失敗和跌倒所組成的。這些失敗和跌倒必然有目的——一個文明或是教會都無法完全理解的目的。大多數人覺得這些挫敗讓人迷惘，但其實無須如此。我的觀察告訴我，如果能更清楚自己**生命弧線的順序、階段以及方向**，許多現實面的問題和兩難的困境都會迎刃而解。這並不表示我們能避開這段旅程，我們仍然必須為了自己而走，直到我們能夠瞭解生命更寬宏的全景。

或許，我們應該說本書是一本「旅途指南」，有點類似道路救援計畫。又或許，像是一份描述你未來可能碰到的心臟病症狀的健康宣導手冊。當你身體健康的時候閱讀，會覺得是在浪費時間，但是當心臟病真的發作時，這可是生死攸關的關鍵。我的假設是，你生命的第二階段**一定會來臨**，雖然我希望那不是因為心臟病發作而引起的（當然，除非你明白我指的是象徵性的心臟病）。

至於每個人進入生命第二階段的時間點，不一定是按照年齡發生。有些年輕人，尤其是那些從早年磨難中習取經驗的人，可能年紀輕輕就已處身於第二階段的人生旅程了。而有些年紀較長的人，在這方面反而非常孩子氣。無論是年齡上還是心態上，如果你處於人生的第一階段，我希望本書能提供一些良好的建議、告戒、界線、許可和許多的可能性。如果你已經處於人生的第二階段，我希望本書至少能向你保證你的心智沒問題，並且為你的旅途提供一些有用的心靈糧食。

沒有人是完全心甘情願或出於自由選擇而走上「精神成熟」的旅程。我們都是被奧秘——虔誠的人稱之為「恩典」——所引導。不論你相不相信，我們大多數都是被哄騙、引誘而踏上旅程，或是因為某種「逾越」而墜入其中。就像雅各伯（雅各）狡獪地奪得父親的祝福、而厄撒烏（以掃）因疏忽而喪失長子的權利（創世紀 27）。在聖經中，那些完整地走完整段旅程的人，被視為被「召喚」或「揀選」的人；在世界其他的神話和文學中，則稱之為「注定」或「命定」。他們都是聽到了某種更深沉、「更多」的邀請，然後藉著恩典和勇氣出發去尋求，很少是從他人身上得到鼓勵，或是完全相信自己是絕對正確的。啟程前往一趟未知的旅途，是一種信心的躍進，一種深切的賭注，同時也是一場盛大的冒險。

熟習的事物和習慣是如此虛假地讓人感到心安，我們大多在其中長久安居。新事物的定義就是「不熟悉」和「未曾嘗試過」，於是神、生命、命運或是苦難必須推我們一把——通常是猛推一把，否則我們是不會前進的。必須有人明白地讓我們知道，「家」不是讓我們久居的，而是要從中搬離的。

很多人都不知道，我們可以從已知、熟悉的地方出發，動身走上更遠的旅途。我們（包括我們的教會）的直覺和期盼，幾乎都是以鼓勵、支持、獎勵並且合理化第一階段的旅程為主。這實在讓人感到震驚與失望，但事實正是如此。我們總是掙扎著求生存，而非求茁壯；總是只求「過關」，而不是試著攀登高峰去看看上面的美景，或是根本就已經停留在最底層了。當代靈修大師多瑪斯．牟敦修士（Thomas Merton）指出，我們可能花一輩子時間攀爬成功的階梯，卻在抵達高峰的時候發現那個梯子根本就靠在錯誤的牆壁上。

處在人生第一階段的人，如果意識到一生該完成的事情不僅於此，這個想法極可能是正確的！第一階段的生命並非孤立的存在。我們只知道要為房子建造良好的地下室、打好地基，卻從來沒人告訴我們，在那上面還需要蓋一間真正用來生活的「起居室」、一間提供健康養分的廚房，或是一間誘人的臥室，更不要說蓋一間專屬的禮拜堂了。於是，大多數人（至少是許多人）都只接受了第一階段「求生存人生」的基本磚頭和灰泥，而從不曾前往我稱之為生命「整合領域」的境界。正如睿智的嚮導比爾．普洛金[1]所說，我們大多數人都只學會了跳「生存之舞」，卻從不曾學習我們真正的「神聖之舞」。

向上和向下的道路

靈魂有許多祕密。這些祕密只揭露給想知道的人看，幾乎不會強加在身上讓我們知曉。在這些祕密當中，隱藏得最好、卻又最顯而易見的，即是「向上的路就是向下的路」——或者你比較喜歡這樣的說法：**向下的路就是向上的路**。這種模式在自然中隨處可見，從季節與地上物質的變化，到太陽每天燃燒六億噸的氫以照亮、溫暖地球，甚至到減肥或是斷食的新陳代謝規則都一樣。這種下與上的模式在神話中很常見，例如希臘神話中的仙女波西鳳（Persephone）必須進入地底嫁給冥王海帝斯（Hades），春天才得以重生。

在傳奇與文學中，「犧牲某些事物以成就另一些事物」幾乎是唯一的模式。浮士德博士必須出賣他的靈魂給惡魔，才能成就權力與知識；睡美人必須沉睡百年，才能得到王子的親吻。在聖經中，我們看到雅各伯必須搏鬥與受傷才能成就以色列（創世紀32:26-32），以及耶穌必須死然後復活，才能成就基督宗教。失落與重生的模式是如此常見與無所不在，幾乎已不成秘密了。

但是，這仍舊是個祕密。至於它為什麼不為人知，可能是因為我們**不想**去瞭解這一點。如果步上更遙遠路途的感覺是越走越向下的話，我們才不會想要啟程前往，尤其在我們已經花了那麼多力氣爬上來之後。這必然就是那麼多人從來不曾活出他們完整生命的首要原因了。第一階段人生的成就必須先支離破碎，才能顯示出它們的不足，否則我們是不會想要前進的。我們何必呢？

1 譯注：比爾．普洛金（Bill Plotkin），著名的心理學家、作家、環境治療師、搖滾樂手、野地嚮導。

通常，我們必須先失去工作、財富、名聲，或是承受死亡之慟、家園被淹沒或是疾病的疼痛。事實上，這種模式是如此清晰明確，我們要很努力忽視或根本懶得去想，才有可能錯過這些事所帶來的教訓。這就是史考特·派克的暢銷著作《心靈地圖》（*The Road Less Traveled*）中的重要論點。他親口告訴我，他覺得大多數人在心靈上很懶惰。當我們懶惰時，我們就待在原本的道路上，即使這根本就是條死路。這是靈修與熱力學第二定律相通的道理：「除非有外力，否則一切終將停止。」真正的精神力量可稱之為「外力」——雖然很令人驚訝地，這種「外力」是來自於「內在」，但是這個我們以後再說。

「向下墜落」，也就是我所說的「**必要的苦難**」，是這趟旅程的設計之一。所有的資訊似乎都告訴我們，事情是從亞當和厄娃（夏娃）以及他們所代表的一切開始的。沒錯，他們「犯罪」了，也因此被逐出了伊甸樂園；但是從他們的行為中產生了「意識」和良知，以及屬於他們的更進一步旅程。一切從「逾越」開始。只有不熟悉神聖故事的人才會驚訝他們吃了蘋果，當神特別告訴他們不可以吃的時候，你就知道他們一定會吃！這段完整的故事，讓我們在其中看到了自己。

「苦難」和「失敗」並非**可能會發生**，也不僅在你不乖的時候才發生（這往往是很虔誠的人的想法），不是只發生在不幸的人身上，或是某處的某些人身上，也絕對不是你藉著聰明才智或是正直行為就能避開的，而是**一定會發生**，而且會發生在你身上！失落、挫敗、墮落、犯罪，以及來自於這些行為的苦難——這一切都是必須而且甚至是人類旅程中「好」的那一部分。正如我最愛的神祕主義者諾里奇的猶利安所說的：「罪惡是有用的！」

無論如何，你都無法完全避開罪惡或錯誤（羅馬書 5:12），如果你過度地想去避免，反而會製造出更糟糕的問題。耶穌喜歡述說稅吏和法利塞人（路加福音 18:9-14）以及那個著名的「蕩子的比喻」（路加福音 15:11-32）[2]。故事中，有人認為自己一輩子都沒做過錯事，但實際上卻錯了；另一個人曾經全盤做錯，但他仍然為神所眷顧。接受吧！耶穌也告訴我們，很令人意外地，有兩種人很善於否認或是避開這種

2 編注：一位富人有兩個兒子，哥哥做事認真，弟弟卻相反。某天弟弟要求分家產，父親答應了，弟弟便帶著家產離家。後來他很快把錢敗光，走投無路之下回頭找父親，結果父親不但沒生氣，還擺出盛大的宴席歡迎他。哥哥向父親抱怨為什麼要這麼盛情招待，父親回答：「因為你這個弟弟死而復生，失而復得，應當歡宴喜樂！」耶穌以此比喻神是這位慈愛的父親，而人類是迷途知返的兒子。

羞辱：**那些極為「富有」和非常「虔誠」的人**。這兩種人對自己有著非常不同的計畫，他們致力於航行在精心挑選的路途上，遵循著這兩種走法：只挑「向上」的路，並且避開所有「向下」的路。

這種「先向下才能向上」的觀點，與西方的進步哲學有所衝突，也不符合我們想要一直向上的欲望，更不符合我們對於完美或是聖潔的宗教觀念。「至少對我而言，希望這**不是**真的。」我們都這麼說！但是亙古的傳統，有時甚至可以說是傳統的智慧，都告訴我們事情就是這樣，而且總是會成真。聖奧思定（St. Augustine）稱之為忽視奧秘。

人們可能用不同的隱喻來形容這種狀況：開車倒檔、改變作戰計畫、從自己建造的馬車上跌落。沒有人會刻意去選擇這樣的混亂，我們必然是不知怎地就身陷其中。那些謹慎地製作高人一等體系的人，根本就不允許這種事情的發生。這往往是「發生」在你身上，而非你「選擇」去做的事。有時候，沒有信仰的人對於這種策略性改變的態度，比有信仰、已經將個人救贖計畫安排好的人來得更為開放。耶穌曾說過一句玄奧的話：「這些今世之子應付自己的世代，比光明之子更為精明。」（路加福音

16:8）我認為這就是最好的詮釋。我看過太多食古不化的基督徒和神職人員否認這令人難過的事實，但是這似乎在所有的宗教中都屬實。

在本書中，我希望能詳述這個「向下墜落」和「向上提升」的道理，這可能是世界上大多數宗教中與我們的直觀最為相背的原理了，尤其是基督教。**在我們靈性的成長上，做錯事時所得到的成長，遠大於做對的時候**。這可能是在增進靈性成長上最重要的訊息了，但是我們一點都不想要相信。我真切地認為，這是唯一說得通、關於「原罪」概念的意義。就像在開始時，如果油膏裡飛入了蒼蠅，最重要的關鍵是要承認、並且處理掉那隻蒼蠅，而不是把所有的油膏都扔掉！

如果有所謂人類可達的完美，那想必是從處理我們身上隨處可見的不完美開始。上主將聖潔隱藏在讓人意想不到之處，唯有謙卑和誠摯者才能發掘。最後，一個「完美」的人，是能出自真心地原諒、接納不完美，而非自以為高於、超越了不完美的人。一旦你大聲地說出口，一切就會顯而易見了。事實上我會說：**「要求完美，正是善美的最大敵人。」**完美是個數學或超凡的概念，善美則是一個囊括我們大家美麗人性的概念。

否認自己的痛苦、避開該有的失敗，讓許多人與自己的靈性深度隔絕，也因此遠離了他們的靈性高度。強調「第一階段人生」的宗教總是離不開各種類型的純潔法規，或是豎立種種「你不可」規則，來確保我們向上、明確、潔淨而團結一致，就好像童子軍一樣。某種程度的「純淨」和「自制」相當有用，至少短暫地在人生的第一階段是如此——一如猶太妥拉經書（Torah）完美地展現。在我十歲時，我曾經是星級童子軍、天主教輔祭，一大早就騎著腳踏車去進行清晨六點的彌撒服侍。我希望你和我一樣對此感到印象深刻。

沒有人希望自己在成長的路上，因為不完美、刻意搜尋、甚至懷疑而走上一條向下的道路，所以我們必須受到權威的「神聖啟示」。於是耶穌讓此成為核心定律：在這段路途上，走在「最後」的確實比「最先」的早一步出發了，而那些花太多時間想要當「最先」的人，反而永遠都到不了（瑪竇／馬太福音 20:16）。耶穌早已在聖經裡用許多比喻清楚地闡明這一點，即使還走在第一階段人生旅途的我們完全聽不進去，認為那些純粹是宗教的玩意兒——就如大多數西方歷史所明白指出的。我們對這個道理的抗拒之大，幾乎可說是否定它的存在了——就連虔誠的基督徒也是如此。**人類的**

自我寧可接受任何東西，也不要墜落或是改變或是死亡。「自我」就是我們內在熱愛維持現狀（就算現狀已經行不通了）的那個部分。它緊緊地附著在過去和現在上，並且恐懼著未來。

當你處於人生的第一階段時，你會無法接受任何失敗或是死亡的可能，即使那是必須經歷或是為了你好（根據耶穌的說法，那些生命從來不曾向上的人，例如貧困者和社會邊緣人，或許真的在屬靈上起步得更早）。但是通常，我們必須先看到一些很好的成功範例，來建構我們的自我結構和信心，然後才能繼續前進。神很慈悲地將年輕人腦中關於死亡的想法隱藏起來，然後很遺憾地，我們會在年紀增長後不斷地閃躲，直到被迫接受死亡的現實。厄尼斯・貝克爾（Ernest Becker）曾經說過，推動世界的不是愛，而是「拒斥死亡」。或許他說的沒錯？

有些人稱這種**要先向下才能向上**的原則是一種「屬靈上的不完美」或是「受創者的道路」。在基督宗教中，聖女小德蘭（St. Therese of Lisieux）的《小道》（*Little Way*）、聖方濟（St. Francis）的安貧以及「戒酒無名會」（Alcoholic Anonymous）都一再確定了這個說法。聖保祿以他神祕的「因為我幾時軟弱，正是我有能力的時候」（格林多／歌林多後書 12:10）傳達了這個不受歡迎的訊息。當然，當他這麼說的時候，不過是闡述將耶穌釘在十字架上的「愚行」——一場荒謬的悲劇，而後轉而復生的死亡。

就像溜冰一樣，我們必須透過不斷地左右橫行才得以前進。這種現象正是我研究男性成人禮[3]時的核心，而且這種原理在宇宙中反映得更清楚，尤其是在物理和生物方面的龐大模式：持續的消逝與重生、死亡與轉換、型態與力量的改變，有些甚至可以從混沌理論來理解：「例外」就是唯一的規則，然後他們創造新的規則。聽起來很可怕，不是嗎？

會否定這種模式存在的，通常是一般實質上的無神論者，或是選擇無知的信徒和神職人員。許多人選擇了在西方基督宗教中常見、遍及世界各地又平易近人的自我安撫宗教、人類成長模式，或是「亨通福音」（Prosperity Gospel）。我們確實成長、增強了，但走的卻遠非來自我們自我所想像的道路。個中道理，唯有靈魂知道、理解。

我希望藉由這本小書，不用強制說服任何人，就能讓兩個人生階段的**順序**、**任務和方向**更加清晰。然後，你可以自行下結論。這就是我為什麼稱之為「向上墜落」的原因。那些準備好的人，就會明白這個顯而易見的道理：唯有那些曾經向「下」的人，才能了解什麼是「上」。唯有那些為了某種原因而狠狠墜落過，並且有從中好好學習過的人，才能向上而不濫用「上」。我想讓你們知道，在第二階段的人生中，所謂的「上」是什麼模樣——以及它可以是什麼模樣！我更想探索我們是如何從這一端進入那一端——這絕非靠著自我意志或完美德性就可以成就。它將和我們之前的想像大不相同，我們也不可能自己設計出來。我們只能等著遭遇它。

如果這樣說恰當的話，我再提醒一件事：你無法確定我說的這件事是否真確，直到你抵達了「上」的那一端；你也絕對不敢想像這是真的，直到你經歷過「向下」的過程，並以更茁壯的型態走出來。你一定是受到「從高處而來」的命運、環境、愛，以及神的推動，若非如此，你不會想要相信或是經歷這一切。「向上墜落」是靈魂的「秘密」，不能經由思考或是證明來理解，只有當你冒著失去靈魂的風險(至少一次)，你才能真正地理解。試著讓自己被帶領吧——一次也好！那些曾讓自己被帶領的人

3 Rohr, Richard, *Adam's Return: The Five Promises of Male Initiation* (New York: Crossroad, 2004).

都明白這是真的，雖然他們都是經歷過後才有所了解。

這可能就是耶穌稱讚信心、信任甚至超過愛的原因。經歷了「向下」或失敗卻不因此而支離破碎，這需要穩固的信任基礎。當你等待、期待並且相信時，只有**信心**握住你，與你同在。然後，唯有那時，更深刻的愛才會浮現。

英文中（聽說在其它語言中也是如此）說「戀愛」是「墮入」情網（falling in love），誠如上述，這種說法也就毫不令人驚訝了。我想那是前往那裡的唯一方式。沒有人自願要去，如果我們早知道「愛」對我們會有什麼樣的要求。人類信心的基礎，就是在持續不斷地發掘愛的需求的過程中累積而成。不要懷疑：**真正偉大的愛，一定是一種發現、一種啟示、一種神奇的驚喜、一種墜入某種比我們更偉大、更深奧、更超越的存在之中的過程。**

當耶穌在他的宗徒（門徒）面前改變了容貌，從山上下來時，他說：「非等人子由死者中復活，你們不要將所見的告訴任何人。」（他的意思是：直到你們已處身於失落與更新的那一端時。）如果你在人們理解之前就強加智慧於他身上，就要準備好面對對方的抗拒、否認、排擠和爭論。〈馬爾谷福音〉繼續說道：「彼此討論從死者中復活是什麼意思。」（馬爾谷／馬可福音 9:9-10）在你被帶往一個新地方之前，你是無法完全想像它的模樣的。我強調出這一點，是為了幫助你了解，為什麼幾乎所有的心靈導師都告訴你要「相信」、「信任」或「堅持」。他們不是要你相信愚蠢或是不理性的東西；他們是告訴你要**堅持下去**，直到你能自行走上更遙遠的旅途；他們在告訴你這段屬靈之旅是**真實**的，是千真萬確的——即使你現在還不知道。

人生的第一階段和第二階段，它們的語言詞彙截然不同，唯有經歷過兩者的人才能明白。走在「更進一步旅程」的人，他們的優勢就是他們仍然記得、尊重第一階段的語言和任務。**他們已經超越了，但仍舊擁有過去的經歷**。事實上，如果不能囊括、整合人生第一階段的智慧，我很懷疑你是不是真的踏上了第二階段的路程。絕對不要矯枉過正地把嬰兒和洗澡水一起倒掉了！若能明白如何有創意地打破規則，就能了解當初為什麼會有那些規則。他們並不只是特立獨行或單純的叛逆份子。

我常想，梅瑟（摩西）摔碎第一次的約版，卻又回到山上由上主（耶和華）重製一次（出谷紀／出埃及記 32:19-34, 35），其中的象徵意義就在於此。在與神面對面之後，第二次的約版完成了，這改變了一切。我們對於律法的初次了解並無法達到我們的期待，也讓我們失望。只有在打碎第一次的約版之後，梅瑟才成為真正的領袖和先知。只有在那之後，他才親見上主的榮光（出谷紀 33:18）；也唯有在那之後，他的臉才因與上主談過話而「發光」（出谷紀 34:29）。這就是生命兩個階段的差異！

達賴喇嘛也說過類似的話：「好好地學習並遵守規則，這樣你才知道如何正確地打破規則。」要區別「目標」和達成目標的「方法」，和做石蕊試紙測驗一樣簡單，端看你是否**朝著正確的方向前進**，而世界上所有宗教到了最高階層時，幾乎都會說類似的事。基於某種原因，虔誠的信徒反而容易混淆方法與真正的目的。起初，你會以為上主真的在乎你是否維持著正確的姿態：哪一天該公開的祈禱、祈禱內容的措詞和語句，以及其它類似的事。但是，等到你的生活變成不間斷地與神交流後，你就會明白所有一切的技巧、公式、聖禮、還有儀式，都不過是生命本身的綵排而已，因為生命可以成為持續不斷的有意祈禱，你的意識和充滿愛的存在就是上主的榮光。

講了這麼多關於生命的第一與第二階段、兩者的語彙，以及「向下是為了向上」的事，其實這都已經不新鮮了。數個世紀以來，這些就被包裹在男男女女為了尋獲自我而踏上更進一步旅途的各種神話故事之中。現在，我們就來仔細檢視其中一篇著名的故事。

創建的神話

西方理性主義已經無法理解神話和它的重要性了，雖然幾乎所有歷史上的文明都明白[4]。我們是顯著的例外，用許多無用、殘酷和讓人迷惘的詞彙（例如共產主義、法西斯主義、恐怖主義、大量生產和消費主義）取代了有用、有療癒性的故事。換句話說，我們都以「事後諸葛」的世界觀去判定哪些對我們很重要、哪些不重要。神話通常都有個象徵性的故事把一切串起來，例如「誠實的林肯」在肯德基州砍櫻桃樹，在伊利諾州自學。這樣的「神話」持續而有效地成為美國人的世界觀中，代表決心、奮發以及成就的隱喻。至於它是否是史實，其實並不重要。

這樣的神話源自於人類深沉而集體的潛意識。神話中的故事和景象，即使不見得每個細節都是真的，但以整體說來，卻是完全「真實」的。這些故事通常不是史實，

4 Armstrong, Karen, *A Short History of Myth* (Edinburgh: Canongate Books, 2006).

但是幾乎毫無例外地來自於靈性的聰明才智。它們捕捉了生與死，將可理解與無法理解的融合為一；它們讓理性無法理解的矛盾同時並存。就如同一首好詩，神話讓那些不清不楚、混亂的感情變得透徹而清晰，並且能改變生命。

根本上來說，神話是真的，因為它**有力量**！一個神聖的神話能讓人們健康、快樂而完整——就連在痛苦之中也一樣。神話賦予我們深奧的意義，將我們拉入「深刻的時間」（意即囊括了所有的時間，過去與未來、地球和宇宙，而非我們自己短暫的時間和文明而已）之中。這些故事是靈魂的食糧，當我們以「很久、很久以前」或是「很久以前，在一個遙遠的國度」開始說故事時，那正是我們試圖回歸的所在。

天主教徒在拉丁禱詞的最後會說「Per Omnia saecula saeculorum」，意思就是「直到永遠」。基於某種原因，「深刻的時間」能夠安定心神、提供至高的觀點、調整我們的方向、讓我們腳踏實地，因而達到療癒的作用。偉大的說書人和心靈導師向來都知道，一個遠比我們渺小的自我和短暫的時光都更偉大的奧秘，才是我們的歸屬之處。

記住，理性的相反不見得就是非理性，有可能是超理性，或是理性的心智所無法理解的更複雜的事物，例如愛、死亡、苦難、神以及無限，都是超理性的經驗。神話和成熟的宗教都了解這一點。超理性能將我們安置在開放的系統與更遼闊的地平線上，讓我們的靈魂、心靈以及心智不會封閉在一個狹小、侷限的空間內。僅有理性的心智免不了二元對立的思考方式，他會無時無刻都將世上的一切劃分為他現在可以理解，以及他認為是「錯誤」或者不真實的[5]。因為理性的心智無法處理愛或是苦難，於是傾向於逃避、否定它們，或是怪罪別人。但事實上，只要我們願意，這兩者是最偉大的精神導師。

神話意識的喪失，在過去的數世紀是很大的損失，也讓我們見證了世界各宗教的基本教義逐漸僵化的過程。如今，我們會受困於毫無幫助的、被「隱形」了的神話中，就是因為我們失去了那雙明辨的眼睛，看不見神話擁有多麼重大的療癒作用。

奧德賽

奧德修斯的故事就是典型的超理性神話，許多人都同意它是西方所有故事的標

5 Rohr, Richard, *The Naked Now: Learning to See as the Mystics See* (New York: Crossroad, 2009).

竿。我們每個人都擁有屬於自己的小型「奧德賽」6，而這個名詞，則是源自於一個人的名字。很多世紀以前，他曾經戰鬥、航行、經歷過典型的人性悲劇，以及英雄式的生活。

希臘詩人荷馬（Homer）完成於西元前七世紀的史詩鉅著《奧德賽》中，我們跟隨著男主角奧德修斯在特洛伊戰爭之後，離開家鄉，步上驚人的冒險旅程。他的船航行過誘人的女妖，因為獨眼巨人和忘憂果而偏離航道，穿越希拉與卡里布迪絲，經歷了瑟希和卡利普索的安慰和混亂。奧德修斯一直想要回家，在經歷了試煉、詭計、錯誤和狂喜，被眾神和怪物所追逐之後，他終於回到了他的家鄉綺色佳，與他親愛的妻子潘妮洛普、年老的父親雷爾提斯、思念的兒子特拉瑪克斯，還有年老的忠狗阿格斯重聚。

我們習慣於一般的故事結局，自然預期奧德修斯的故事在此有個「從此過著幸福快樂日子」的結局。對大多數的讀者而言，他們只要那麼多、也只記得那麼多。奧德修斯確實回家了，重新收復他的家園，和妻子、兒子與老父團聚。但是故事還沒完！在最後的兩章中，在看似光榮而恰當的結局之後，荷馬宣布並且召喚奧德修斯展開嶄

新的第二段旅程，這雖然很少被提及，但是顯然荷馬認為這對他筆下主角的生命來說，是絕對必要的旅程。

奧德修斯並沒有安靜地度過老年，他明白他必須完成過去從盲眼的預言者泰瑞西亞絲那裡得知、但幾乎被他所遺忘的預言，再度離家。這是他的命運，是神的要求。這段新的旅途並沒有詳細的描述，只有幾幕寓意深奧的景象。我猜想，早在西元前七世紀，遠在我們開始理解、談論第二段人生旅程之前，荷馬是否已經直覺地發現生命應該**還有更多什麼**，一如希臘文學經常描述的。

> 於是底比斯人泰瑞西亞思的魂也出現了，手中握著他的金色權杖……當你返家後，將報復那些追求你妻子的人，你在自家以蠻力或詭計殺死他們，之後你將拿起製作精良的船槳，登程上路，直到你來到一方所在，那裡的人民不曾聽說過海洋，不知在食物中撒鹽，更不識得船以及有如船之雙翼的槳。

6 譯注：奧德賽（Odyssey），意即長途的冒險之旅。

我告訴你這些徵兆，讓你不致錯過。你將會遇見一名旅者，他會說你肩上的槳是篩選穀子的鏟，聞此你必須將槳牢插在地，向海神獻祭一頭公羊、一頭公牛和一頭公豬，然後回家一頭又一頭地獻上一百頭牛給天上的神祇。至於你，死亡會從遠海而來，你的生命將在歲月滿溢之時溫柔地退潮，你的人民將祝福你。我說的一切都將成真。7

奧德修斯在故事開始的時候，曾聽過部分泰瑞西亞思的預言，那似乎對大家預告了未來即將發生的事。針對我們的目的，我在此概述一些關鍵點，希望你會覺得很具啟發性。

一、奧德修斯是在漫遊死者的王國——冥府的時候，獲悉了這段預言，這意味著他是在處於「最底部」的時候知道的。往往，我們必須先解構自我，才能重新聽見一些新的事物，然後展開真正的重建。就算只是心不在焉地聽到，或是不甘不願地去做也一樣。

二、當盲眼的預言者泰瑞西亞思告訴奧德修斯這個訊息時，他「手握著金色權杖」。我的詮釋是，這象徵了訊息是來自於神——一個外在、超凡的權威，而且訊息並非奧德修斯主動去追問的，甚至他可能根本就不想知道。我們往往需要來自外在的權威，才能將我們送上通往自己內在權威的道路。

三、奧德修斯經歷了那麼多的努力才終於回到家，但是他注定要再度離開綺色佳這個「小島」，前往「本土大陸」進行更進一步的旅程，他要讓他渺小的「小島部分」與巨幅的景色結合在一起。對我而言，這正是讓事情變得有宗教色彩之處：不論是什麼將我們個人的「小部分」與「整體」重新連結在一起，那必然都是經歷了神——不管我們是否要這樣稱呼它。奧德修斯將他的「外在旅途」和他要前往的小島（或說是他的「內在世界」）連結在一起，這就是他第二階段旅程的任務。多麼貼切的隱喻！

四、他必須背著槳，因為他的第一階段旅程是經由航行而成就，所以那已是他的「成就的系統」。但是他在遠離海洋時所遇見的旅人，卻認為那是簸選穀物、篩除穀殼的鏟！當他遇見這個旅人，就是他已經抵達進一步旅程的終點的訊號，而他必須將

7 *The Odyssey*, trans. Samuel Butler (Lawrence, Kans.: Digireads.com Publishing, 2009).

槳插入地面，並且留在那裡（很類似現今的年輕人在成年禮時將兒童時期的玩具埋起來），唯有此時他才能回家。屬於占領和生產的第一世界，於此已經圓滿它的意義了。

五、然後，他必須向在第一階段旅程中緊隨在他身後的海神獻上祭禮。古老神話中關於獻祭的措詞都很類似，想必是明白想要繼續向前，就必須先鬆手、超越、放開，或是「原諒」些什麼，才能進入屬於眾神的、更偉大的世界。

六、他必須獻上三種特定的祭禮：一頭野牛、一頭種豬和一頭橫衝直撞的公羊。我很懷疑還能不能找到三個比牠們更具象徵性的事物，來傳達未經訓練、不成熟的雄性能量（女性讀者在此可能必須自行尋覓恰當的事物來代入）。你無法用第一階段旅程的工具走上第二段旅程。你需要**嶄新的工具**。

七、經過更遠的旅程後，他回到了家鄉綺色佳，以準備莊嚴的牲禮，獻給統治寬闊天空的神祇。從人類的語言來說，他終於活在那真實、廣大的世界裡了。用基督教的語言來說，他終於和更大的「神國」連結在一起了。

八、唯有在經歷過那段更進一步的旅程，並且獻祭之後，奧德修斯才能說他將「快樂地與我周圍的人民同住，直到我在歲月的重擔下沉沒，死亡溫柔地從海上來迎接我」。死亡只是對那些尚未活過生命的人的威脅。奧德修斯經歷了人生兩個階段的旅程，已經準備好在最後自在地放手。

⋎

這就是深層潛意識的智慧！上主不需要等我們將人類的屬靈直觀組織成宗教。根據聖經的第二句（創世紀 1:2），從一開始，聖神（聖靈）就盤旋在我們的混沌之上；從創世以來，就照拂著所有的生物（羅馬書 1:20）。荷馬絕非只是個「異教」的希臘人，而活在兩千七百年之後的我們，也不見得比較睿智。

現在，我們即將縱身躍入「更進一步旅程」的刺激探索中，先暫時將這強而有力的神話放在一旁。它可以作為我們想要傳達意念的某種藍圖，但是要清楚地記住：**整個故事的基礎，是要尋找回家的路；然後在回家後，重新仔細地定義「家」的意義。**家是起點，也是終點。家不僅是多愁善感的概念，而是內在的指南針、指路的北極星。家是靈魂的隱喻。

我的女性讀者們，沒錯，這是個關於老男人的故事，是從另一個性別去反映這個議題。但是妳將會發現，它對妳而言也一樣真實。

第一章

生命的兩個階段

我們不能依據生命早晨的內容，去活生命的午後。因為早上很棒的事，在晚上將變得微不足道；在早上真實的事，到了夜晚將成為謊言。

——榮格《心理結構與心理動力學》

（*The Structure and Dynamics of the Psyche*）

正如我在前言中提到的，生命第一階段的任務是為了創造適當的**容器**，以及回答生命中最首要也最基本的問題，例如：「我的個人意義何在？」、「誰將與我同行？」、「我要如何養活自己？」而人生的第二階段，簡單來說，就是要去尋找這個容器注定要承載、傳達的**內容**。正如美國現代詩人瑪莉．奧利佛（Mary Oliver）所說的：「對於你唯一這段狂野而珍貴的人生，你有什麼計畫呢？」

換句話說，容器本身並不是結果，它的存在是為了成就你更完整、更有深度的生命，而你可能並不知道自己的生命能有多豐盛！太多人只是不斷地進行容器的維修工作，而永不將網撒入水深處（若望／約翰福音 21:6）去拉起等待他們的豐富魚獲。

問題就在於，第一階段的任務讓我們耗費了太多的心血、汗水、卵子與精子、淚水和歲月，使得我們往往無法想像人生居然還有第二個任務，還有其他我們被期許要去完成的事。儘管耶穌說舊皮囊裝不了新酒，我們卻說舊皮囊就已經夠好了。耶穌說，如果我們不準備新皮囊的話，「新酒要漲破舊皮囊，酒要流出來，皮囊也破了。」（路加福音 5:37-39）人生的第二階段應該承載得住新酒，因為屆時我們已經有了強韌的皮囊，經得起維繫我們人生方式的種種考驗。這也意味著容器本身會被延展、拉扯過，不再是現在的模樣，甚至會被更好的所取代。正如他們所說的，這才是真正的考驗，但這也將是我們中年階段新刺激與新發現的來源。

不同的傳統都運用過許多隱喻，來形容第一階段與第二階段人生的差異：新手與專家、啟蒙與開悟、奶與肉、文字與精神、初階與進階、洗禮與堅振禮、學徒與師傅、清晨與夜晚、「伯多祿，當你年少時……當你年老時」（若望／約翰福音 21:18）[1]。唯有當你開始活在第二階段的人生時，才看得出兩者之間的差別。

但是，**這兩階段的人生是累積又延續的，兩者都非常重要。**你無法藉由大量閱讀關於第二段人生的書（包括現在你讀的這一本），就越過第一階段人生直達第二階段。必須是由恩典推動著你向前邁進。就如有些人所說的：「神沒有孫子，只有孩子。」每一個世代都必須自行展開發掘自己靈性的旅程，否則我們不過是對上一個世代做出反應與遵循罷了，而且我們往往過度反應、又過度因循，兩者都不是向前邁進的正確、創新方式。

無論是教宗、經句、心理學技巧、宗教理論、書籍或是靈修導師，都不能代替你進行這趟旅程。如果企圖跳過第一階段的旅途，你將永遠看不清它真正的必要性和極限。你將永不知道為什麼第一個容器**必須**先讓你失望，也不知道第二階段旅程的美好與完整，以及這兩者之間的關係。這就是許多「永遠長不大」和「自戀」的人一直到老都過著虛幻人生的原因。我認為這恐怕是現今大多數人的情況。

走在第一階段旅程的「初階者」，幾乎毫無例外地認為真正的進階者太過天真、單純、「狀況外」或根本就是累贅。他們無法了解自己還沒經歷過的事、全心投入第一階段的任務中，無法看得更遠。相反地，如果一個人已經超越了前一個階段，他或她將永遠保持著對初階者的耐心，並且能自然而充滿耐心地去協助他們（雖然事情並不總是一帆風順或是不費力）。這就是讓這些人成為進階者的原因！**進階者永遠能以同理心接納初階者，否則他們就不是進階者了！**

幾乎所有的文化，甚至絕大多數的宗教歷史，都投注於創造與維持第一階段的人生課題，也就是自我認知的三大關鍵——安全感、性向與性別。這些不僅讓我們忙碌

1 編注：本書的聖經中譯是以思高版為主。另，作者熟讀各版本聖經，包括：耶路撒冷聖經（*Jerusalem Bible*）、新美國版聖經（*New American Bible*）、信息本聖經（*The Message*）以吸收不同的詮釋角度，因此書中有部分經文結合了作者個人的翻譯，或是各版本的綜合，特此申明。

追尋，甚至佔據了我們全部的時間。這種情況從過去的歷史到現在，恐怕一直沒變。事實上，絕大多數的世代都認為，劃定界線，並且保護這些界線，是他們首要（甚至是唯一）的任務。絕大多數的歷史都是在建構安全結構以及適當的忠誠象徵，宣告並維護個人的自我認知、團體、性別議題及身分認同。如今，我們活著的時代似乎越來越多人問：「就這樣子而已嗎？」

在成長的歲月中，我們花了太多心思關注自我，使得我們總是太過防衛又太過冒進，根本沒多少時間可以用在單純地生活、純潔的友誼、無用的美、與自然溝通，以及其它的事物上。但是，正是那樣的自我結構，才能讓年輕人得以度過人生的頭二十年，讓一個種族賴以生存下去。或許，那正是人類創始所需要的。美國詩人羅伯特・佛洛斯特（Robert Frost）如是說：「好籬笆，成就好鄰居。」但是他也假設你不能僅僅是築籬笆而已，你終將需要越過這道籬笆，才能真正地認識你的好鄰居。

所以，我們需要界線、身分、安全，還有某種程度的秩序與持續性，才能發展自我與文化。我們還需要自覺「特別」，需要「自戀藥物」——我的意思是，我們在生命的早期都需要一些成功、回應以及正面的回應，否則我們將會把餘生都浪費在一直向他人需索這些，或是不斷悲鳴自己的匱乏。你可以這麼說：確實有好的、必須的「自戀」。首先，**你必須擁有自我結構，然後再放棄、超越它**。作為洗者若翰（施洗者約翰）強硬路線的回應，耶穌支持這個等式的兩端，他說：「在婦女所生者中，沒有興起一位比洗者若翰更大的，但在天國裏最小的，也比他大。」（瑪竇／馬太福音11:11）這是模稜兩可嗎？不，這是屬於人生第二階段的話語。

基本上，如果你在人生的早期得到良好的回應，你就不需要將接下來的人生耗費在自戀的鏡子上，去搜尋、懇求別人的注意力。你已經被「照顧」過了，現在基本上感覺良好——而且將永遠如此。如果你在年輕的時候適當地照過鏡子，你現在就能自由地去反照別人，然後在其中看見自己——以坦白而竭誠的目光。

我明白為什麼有些聖者說，祈禱本身只是單純地接收上主亙久慈愛的眼神，然後在我們予以相同的回應、相互對視之後，終於明白其實那不過是同一個眼神的接受與反照而已。印度教稱這種讓人興奮的相互凝望為「達顯」（darshan）。我們在本書後面的章節會談到更多關於這種映照。

一旦滿足了自戀的需求，你就不太需要去保護、捍衛、證明或是強調你的身分了。你已經擁有它了，而且遠遠足夠。這就是「救贖」的真實意義，尤其是滿足我們自戀需求的，是一個至高無上的存在；當你問對「我是誰？」的問題時，所有「我該怎麼辦？」的疑問通常也就自行解決了。那麼多宗教人士一再積極地證明、捍衛他們的救贖理論，真讓人懷疑他們到底有沒有經歷過任何一點神聖的映照。

在第一階段的人生中，成功、安全感還有外表（要在自己和別人眼裡都顯得「體面」）幾乎是唯一的課題。在美國心理學家馬斯洛（Maslow）的「需求層次理論」（Hierarchy of needs）[2]中，這些都是初級的階段。我們的文化仍然被安全問題所佔據，國會和人民從不曾嚴正地質問過龐大的軍事預算；相對來說，反映高層次需求的教育、對貧民的醫療照護，還有藝術相關的預算，卻都被迅速地刪除（即使一開始有將其列入考慮）。訊息很明白：我們的文化還處於未成熟的時期。同樣的，宗教**必須說出絕對的真理**——那正是我們對它的要求！儘管關於聖經的信心與信實等主題只有在以後才能領會，但在這個早期階段，這種感覺是正確的，而且也是必須的。

在生命的每一個階段，我們都想要、也需要不同的肯定、衡量和保險。但是我們必須謹慎，否則**它們將會占領我們**，**成為掌控一切的需求，阻止我們繼續成長。**

因此，出現在聖經中最常見的一句話就是「不要怕」，事實上有人數過，發現這句話出現過三百六十五次！如果我們不超越自己早期對於個人安全感、生命延續、生存動機（基於恐懼的「爬蟲腦」）的需求，我們將永遠無法跨越人類或靈性發展的初期階段。這輩子我聽過不少教會傳道似乎都無法跨越過第一階段的發展，更別提挑戰它了。事實上，要挑戰它，會被稱為異端、危險，或是受到引誘。

這種被秩序、控制、安全、享樂和確信所盤據的不幸結果，導致有極高比例的人永遠無法活出他們人生的真正內容！人生並不只是建立界線、保衛身分、創造種族，以及教導控制衝動而已。正如耶穌所說：「你們為何要問，我要吃什麼？要穿什麼？」對此他回答說：「因為生命貴於食物，身體貴於衣服。」（路加福音 12:23）「人縱然賺得了全世界，卻賠上了自己的靈魂，為他有什麼益處？或者，人還能拿什麼作為自己靈魂的代價？」（瑪竇／馬太福音 16:26）

處在第一階段的人生時，有太多的防衛行為導致了太多的攻擊行為，讓人無法進

2 Maslow, Abrahm H., "A Thoery of Human Motivation," Psychological Review, 1943, 他在後來的許多著作中，都有進一步的發展與修正。

入真正重要的課題，而那正是促使你步上更進一步旅途的力量。所謂人類的成熟，既不具攻擊性也沒有防衛性，而是終於接受現實**就是如此**。勵志作家肯・凱耶斯（Ken Keyes）睿智地說：「人因為被冒犯而造成的苦難，比試圖冒犯者所引起的還多。」被冒犯的人覺得有必要對冒犯者予以反擊，讓那個誤為冒犯者的人不得不採取防衛的舉動，而這又造成了新的冒犯，於是就這樣不斷地循環下去。這樣不利於自我的激烈乒乓球賽似乎永遠無法擺脫，除非你能在靈性方面有所成長。你瞧，真正的自我是很難被冒犯的！

步驟與階段

榮格讓世人認識了生命的兩個階段，以及這兩階段的主要方向和任務，但有其他許多導師早已知悉，在人類和靈性的成熟過程中，有著清楚的階段和步驟。這些程序的描述並不新鮮，不過是以不同的形象來呈現而已。

亞巴辣罕（亞伯拉罕）和撒辣依（撒萊）的創建旅途；出谷紀（出埃及記）中的梅瑟（摩西）；穆罕默德數次關鍵的遷徙；耶穌提到的四種土壤；教堂牆上苦

路的圖像；聖天梯若望（John the Ladder）；聖文德（St. Bonaventure）反覆出現的圖式；聖十字若望；聖女大德蘭；以及當代的皮亞傑（Jean Piaget）、詹姆斯・馮勒（James Fowler）、高爾拔（Lawrence Kohlberg）、格雷夫斯（Clare Graves）、蓋保瑟（Jean Gebser）、馬斯洛（Abraham Maslow）、埃里克森（Erik Erikson）、威爾伯（Ken Wilber）、吉利根（Carol Gilligan）、拉文森（Daniel Levinson）及普洛金（Bill Plotkin），還有整個螺旋動力學派（Spiral Dynamics）的人。他們都一再地確認，成長與發展是**有方向性**的，而非靜止的「咬緊牙關忍耐」而已。你必須能同時鎖定、激發「行動」與「方向」，否則就談不上所謂成熟或不成熟。似乎大多數導師都各自以自己的方式，盡力整合這兩個幾乎在每個類似結構中都一定會出現的關鍵洞見。

首先，只有透過後期更寬廣的觀點，你才能了解前期的事物。這就是為什麼成熟的社會注定是由長老、資深者、聖者還有「開悟者」所領導的原因。唯有他們，才能擔任社會或任何屬靈組織的真正領導者，少了他們，就會變成「盲人領瞎子」，年輕人的暴力幫派或自殺炸彈客就是最典型的現象。那些並非真正領袖或長老的人，只肯定還處於不成熟人格階段的人，當然，正因為彼此的不成熟，不成熟的人往往會熱愛並且選擇他們。在此，你可以自行填入你所知道的政治災難。但是要記住，不成熟的團體與不成熟的領袖之間，有種共生的現象，恐怕這正是柏拉圖和傑佛遜都說過民主其實並非最完美政府型態的原因。它只是最安全的。真正睿智的統治者，可能是處理事務最有效率的。（拜託，不要寄仇恨信函給我！）

如果你在智慧、身量，以及在天主和人前的恩愛上（路加福音2:52）都已增長，你就能充滿耐性地包容、了解之前所有的階段。這就是我之前所說「跨越並囊括」的意思，也正是你已開悟、在心智上成熟、行為也真正成熟的可靠標記。任何宗教中的智者高人，總是寬容、同情，並且有著超高的包容度。他們不製造對立，跨越了自己起始團體的範疇，但同時他們仍舊尊敬、並且妥善運用所屬宗教的智慧。猶太人耶穌最常批評自己的宗教，但他卻從不曾脫離！

成熟之人的想法不是非黑即白，而是悠遊於「兩者皆是」和「以及」的海洋中（想想看甘地、安妮・法蘭克〔Anne Frank〕、馬丁・路德・金恩博士〔Martin Luther King, Jr.〕、德蕾莎修女、曼德拉〔Mandela〕這些人）。這些心智已開悟的人，傾向在宗教改革上添加潤滑劑，如愛因斯坦所說：「經由這些完整而神聖的人經常性地出現，神才得以推動人類與宗教前進。」

第二個關於步驟與階段的洞見，是來自於個人的發展階段。你可以擴展自己一點點，來了解你周遭的人。有些理論家說，你無法從你所屬的自我意識階層中跨出一步之外——這還是狀況好的時候！就是因為這種侷限的想法，導致那些層次比你「高深」的人，總是顯得錯誤、有罪、異端、危險，甚至應該被淘汰。否則，我們要如何解釋那些不斷謀殺先知的行為、將真正聖者邊緣化為無知的舉動、持續性的種族主義、自我防衛，還有那些自以為是文明人的爭戰呢？你可以一邊很「文明」，但一邊仍舊以發展到最初階段的自我為中心來評斷一切。事實上，極度自戀者的最佳掩護，就是彬彬有禮、微笑和完全文明的舉動。就像有人告訴我，希特勒熱愛動物與古典音樂。

如果改變與成長並沒有**設定**在你的靈性中，如果對盲目恐懼與狂熱的天性少了嚴正的警告，你的信仰將**總是**歸結在崇拜現況，以及保護目前自我位置和個人利益上——宛如這些就是神一樣！雖然耶穌最先宣揚的訊息就是「改變」！（馬爾谷／馬可福音 1:15、瑪竇／馬太福音 4:17）他告訴他的聽眾要「悔改」，這其實就是改變心意的意思，但這並沒有強烈地影響到基督宗教的歷史，「抗拒改變」十分常見，常見到幾乎已成為我們對宗教人士的期待了。他們傾向於熱愛過去，遠超過未來或現在。我們只能歸結出，大多數組織性宗教仍舊活在第一階段生命的課題中，所有文化中的多數人也通常都處於這個狀態。我們都接受並傳遞自己想聽的內容，而大多數的人都不是「先驅」。就連動物的智能，也取決於他們改變的能力，以及是否能調整他們的行為以回應新的環境。而那些不改變的，就會絕種。

對耶穌而言，這種抗拒明顯、令他挫敗到讓他說出了可能是他說過最無情的話：「你們不要把聖物給狗，也不要把你們的珠寶投在豬前，怕它們用腳踐踏了珠寶，而又轉過來咬傷你們。」（瑪竇／馬太福音 7:6）如果我們能預先知道會在何時、何地、和何人、如何討論靈性成熟的話題，就能省掉許多痛苦和指責。因為我們可以給予彼此早就準備好要聽的內容，或許只要拉扯他們一點點即可！威爾伯曾說過，不論在哪個時間點，我們願意去質疑的，只有現有資訊的百分之五而已！而且，那也是在狀況好的情況下！我想，所謂的先知，就是那些不在乎你是否準備好要聽他們訊息的人。他們之所以說，是因為他們該說，而且說的是真理。

如果沒有睿智而且願意支持、保護他們的權威人士，大多數的先知、智者以及先驅者，恐怕都逃不過「粉身碎骨」的命運。他們的智慧聽起來像危險的愚行，如耶穌對基督徒的山中聖訓，如甘地對大英帝國，或如金恩博士對白種美國人，如曼德拉對白種的南非政府，如海麗特．塔布曼（Harriet Tubman）對美國革命女兒會（Daughters of the American Revolution），如美國修女對天主教父權。

關於神與宗教

就神學上以及客觀上而言，我們早已和神合為一體。但是，這一點很難讓人相信或體驗，尤其當人們缺乏正面的認知與勇氣、沒有保守奧秘的有力界線、鮮少經歷過任何深度宗教經驗的時候。因此，第一階段的旅程總是關於外在、公式化、膚淺的感情、旌旗與徽章、正確的儀式、聖經金句、特殊的衣著等，這些都大幅地取代了真正的精神層面（見瑪竇／馬太福音 23:13-32）。

然而，為了建造「容器」，這些都是必須而有用處的。沒錯，這些絕大部分都是形式與感覺，而非真正的內涵，但是即使如此，也可能是必要的。只不過我們千萬別把生命完全投入形式和感覺之中。在此可聽見若望廿三世的座右銘：「必要的是合而為一，不必要的是自由，在於一切的則是慈悲。」這是經過努力才能贏得的、屬於生命第二階段的智慧。

在我們第一階段的生命中，缺乏承載這令人驚嘆內容的容器，也沒有準備好承裝如此讓人心醉神迷的美酒的皮囊。因為，**真正的經歷神，是「焚燒」卻不燒毀**（出谷紀／出埃及記 3:2-3），正如荊棘叢之於梅瑟。但是我們大多數人還沒準備好面對這種焚燒，甚至沒有被告知有這種焚燒存在。關於這點，伊斯蘭教的奧祕主義者似乎最為誠實，正如我們在魯米（Rumi）、卡比爾（Kabir）還有哈菲茲（Hafiz）狂喜又煽情的詩句所顯示那般。就定義上而言，真正的經歷神總是「太過」（too much）！唯有在摧毀了我們不實的自我之後，才能撫慰我們「真實的自我」[3]。我們必須要誠實地面對這一點，而不是散播速食宗教。

大部份早期的宗教，是讓你準備好接受這種焚燒的偉大餽贈，這種內在的經歷神，就像是創造一個能讓神誕生的馬廄一樣。不幸的是，太多人太在意他們的馬廄了，還有他們的馬廄是否比你的馬廄要好，或者他們的馬廄是否是「唯一、神聖、天主的、宗徒的」馬廄，以至於從不曾抵達神在靈魂內誕生的境界。聖經中並沒有顯示耶穌要求理想的馬廄環境；事實上你可以說，他出生在「馬槽」中正說明了完全相反的論點。至少動物還有空間讓給他，而人所住的客棧中「他們沒有地方」（路加福音2:7）。

擔任神職四十年來，我發現教會許多屬靈和牧養的事功，往往無法促進人們真正去改變，並且面臨到極大的被動、甚至是被動攻擊性的回應。身為傳道人，我發現自己被迫要將內容簡單化，以吸引那些不期待、不想要任何真正挑戰，同時也沒有展現出任何屬靈與知識上好奇心的週日人群：「神父，只要重覆我想聽的那些就行了，或許再加一兩個笑話！」身為心靈指導者，我發現大多數人在面對重大轉變的議題（如社會不公正、離婚、失敗、性別認同、祈禱的內在生命，或是任何對福音書激進的詮釋）時，他們會感到無聊，並且受限於典型的週日教會議程。這些都是善良的好人！但是他們繼續跳著自己的生存之舞，因為沒有人告訴他們關於神聖之舞的存在。當

3 Wilber, Ken, One Taste (Boston: Shambhala, 2000), 25-28. 僅管威爾伯在多處都有探討他區隔宗教中「轉移」與真正的如「轉化」的功能，這是最精簡的摘要。宗教在撫慰之前必先「摧毀」。

然，如果神職人員本身並沒有走上第二階段的旅程，他們也沒辦法談到。

簡單地說，我們沒有找到可以適當處理這兩階段生命任務的方法，因而落入雙方皆輸的局面。初階者被迫以為容器就是人生的一切，也是他們所能期待的一切；更糟糕的是，他們以為自己已經成熟並且奔回本壘了，只因為他們相信一些所謂正確的事、執行了一些所謂正確的儀式。而潛在的成熟信徒則沒有接受成熟信仰或服事的挑戰，更別提奧秘的結合了。最後，大家都滯留在一團汙濁的中間地帶，一如英國詩人葉慈（William Butler Yeats）所說：在那個「最好的缺乏信念，最差的則充滿激情」的所在。

我深信，這種牧養上與實際上的混亂之所以出現，是因為我們沒有釐清真正的差異、真正的需求，以及生命兩個階段中有些衝突的的挑戰。就讓我們試試看吧！

第二章

英雄與英雌的旅程

我們只需追蹤英雄之道所留下的線索。在我們以為會發現憎恨之處，將會找到神祇；在我們以為會砍殺他物之地，將終結自我；在我們以為向外出發的地方，將來到自己存在的核心；在我們以為孤獨之處，將與世界合而為一。

——約瑟夫・坎貝爾（Joseph Campbell）

《千面英雄》（*The Hero with a Thousand Faces*）

不論你閱讀的是哪一本當代神話選輯，都一定會看到坎貝爾所稱的「英雄的旅途」（Monomyth）以各種形式不斷地重複，只不過運用了不同的象徵而已[1]。英雄的旅程就是本書想要闡述的骨幹！在某些方面而言，我們是要拆解這個傳統而經典的旅程，然後從中抽取出在現今愈加清晰的涵義——不論心理上與靈性上皆然。前所未見地，我們是靈性與資訊全球化的受益者。

英雄旅程的模式相當一致，而且真的很符合我自己在啟蒙方面的研究[2]。那些出發走上這趟旅程的人，都不可避免地會經歷下列步驟：

一、他們生活在一個理所當然而充足的世界裡，他們往往是王子或公主，有時候甚至有著超凡的出身，而他們對此當然一無所知！（這種記憶的缺失往往洩漏了宗教的核心主題，因為，尋找我們的神格基因就是我們的任務）要記住，奧德修斯是綺色佳的國王，但他是在經歷了第二段旅程回家之後，才真正地統治綺色佳。

二、他們總是會聽到召喚，或是鼓起勇氣離家踏上某種冒險的旅程——不

1 Campbell, Joseph, The Hero with a Thousand Faces (Princeton, N. J., Princeton University Press, 1973).
2 Rohr, Richard, Adam's Return: The Five Promises of Male Initiation (New York: Crossroad, 2004).

見得是為了要解決問題，但就是要**出去**，**離開他們當下的舒適圈**。例如：悉達多（Siddhartha）離開高牆內的宮殿，聖方濟踏上進入回教世界的朝聖之旅，艾斯德爾王后（Queen Esther，以斯帖王后）和聖女貞德走上戰場去捍衛人民，奧德修斯參加特洛伊戰爭。

三、在這段旅程或冒險中，他們會**發現真正的問題**！他們總會在某方面「受傷」，並且遭遇到重大的兩難抉擇，整個故事基本上就繞著尋求解決之道的試煉和結果打轉。**總是有受傷**，因為偉大的領悟就在於，那創傷正是一把神秘、甚至「神聖」的鎖匙，一個能戲劇化改變他們的傷口。順便一提，那正是耶穌的傷口的意義！

他們的世界因而展開，屏幕變大了，他們也變大了。現在，「奧德賽」在英文中就是用來形容這種發現與冒險之旅的詞彙。在故事開始的時候，奧德修斯獨自走在沙灘上，挫敗、哭泣，沒有任何希望能回到那個把他當作英雄的家鄉。這就是無止境啃食著他的傷口。太不公平了，他可是特洛伊戰爭的英雄。

四、第一項任務，同時也是我們男女主角以為是唯一的一項任務，不過是讓他們用來暖身以面對真正行動的工具。他或她會「意外地」墜入他們生命中的狀況，而這只不過是為了發現他們**真正的生命**而已——後者毫無例外地是條潛藏於表面下的深沉河流。大多數人將他們生命中的各種狀況和他們真正的生命混為一談，其實，真正的生命潛藏在日常生活的各種事件之下。這種深刻的發現，就是許多宗教人士所說的「尋獲他們的靈魂」。

五、英雄或英雌回到他們的出發點，然後他們會如英國詩人艾略特（T. S. Eliot）所說的：「初次認識那個地方。」然而如今的他們，卻有禮物或好處可以奉獻給他們的村子了。正如「戒酒無名會」的最後一個步驟所說，一個人必須**將教訓傳遞給別人**，否則根本沒有恩賜可言。英雄的旅程總是充滿著生命的精力以及旺盛的生命力，多到可以分贈許多給其他人。英雄或英雌找到了熱情與生命的活力，以此來抵銷死亡之神的死氣，可說是綽綽有餘。

貨真價實的生命力，會以滿溢或是豐富的生命來呈現。借用美國心理學家埃里克森的絕佳妙詞：「英雄或英雌的定義，原本就是『有生產力』的人。」他們關懷下一個世代，而不是只在意自己；英雄生活在深刻的時間流之中，而不僅是自己短暫的時光裡。事實上我很懷疑，如果你不是活在深刻的時間之中——也就是同時活在過去、現在與未來——那麼，你是否有成為英雄的可能。

有意思的是，這種傳統的、真正的英雄，完全不是我們現在對英雄的理解。我們現在使用的英雄一詞，缺乏社會的基礎。現在所謂的「英雄」，往往等於大膽、肌肉結實、富有、出名、才華洋溢，或是本身就很「棒」，也只為他們自己追求這份卓越。相對的，傳統上的英雄是那個無論如何都會「堅持下去」，最後還會留下許多事物可以與別人分享的人。真正的英雄主義應該是為大我的好處而付出，否則根本談不上英雄主義。

在過去，一個人為自己尋求美國偶像式的名聲、權力、錢財或是才華呈現，可能會讓他成名（或者惡名昭彰），卻絕對不能讓他成為一個英雄或英雌。但是在現今，成為一個名人或僅僅是個存活者，就已經和英雄主義混為一談了，這可能是我們確實在退化的訊號。僅僅活命和維持生命，是我們和蜥蜴同樣擁有的低層次本能，一點都不是傳統上的英雄主義。我們應該要活得豐盛茁壯，而不僅僅是活命而已。我們很高興有人活了下來，那確實需要一些勇氣和努力。但你要拿你重生的性命如何是好？

這才是英雄的大哉問。

潛在的英雄旅程的第一個訊號，就是他／她必須先離開家、離開熟悉的一切，這是許多人在生命第一階段不一定發生過的事（事實上，現在有許多三十多歲的人從沒離家過，大多數人甚至沒有離開過自己熟悉的事物！）如果你花了許多年的時間，建造了屬於你的成功與自以為了不得的高塔——牟敦稱之為「你的個人救贖計畫」——或者你已經成功架構出專屬於你的族群、宗教或是「房子」，那麼，你是不會想要離開的（現在有很多人擁有第二棟、第三棟，甚至第四棟房子，難免讓我懷疑他們怎麼可能會離開家）。

一旦你走出「房屋」、「城堡」和舒適圈之後，絕大多數的旅程都自有其生與死。關鍵在於**走出去**，走入真實、更大的課題中。事實上，這正是創造了三大一神宗教的神話的基本劇情。上主對亞巴郎（亞伯蘭）和撒辣依（撒萊）說：「離開你的故鄉、你的家族和父家，往我指給你的地方去。」（創世紀 12:1）我們似乎很擅長於忽略關鍵重點，同時還忘記了我們必然的起點，我們寧可完全地推翻自己的創建神話！怪不得宗教陷於泥淖中。

我在想，我們是否已經不再擁有那種真正「對神的順服」，以及讓奧德修斯離開父親、妻子、兒子以踏上第二階段旅程的使命感、呼召和命運。順便一提，這也是耶穌很令人憤慨地在〈路加福音〉等多處地方所提到的一樣的順服：「如果誰來就我，而不惱恨自己的父親、母親、妻子、兒女、兄弟、姊妹，甚至自己的性命，不能做我的門徒。」（路加福音 14:26）

我總是猜想，那些所謂的家庭價值基督徒要如何處理這樣的經節？耶穌根本不推崇一般定義下以家庭為核心的想法！是什麼讓那麼多的聖徒，將追尋「神的旨意」放在首位與自己的意願之前？是什麼引導那麼多的和平部隊工作人員、傳道士、技術人員離開自己的家，前往艱難、充滿挑戰的地方？我認為，答案往往是一段更進一步的旅程、一種來自靈魂的邀約，或甚至是對神的深沉順服。

在新約中，大多數對門徒的召喚，都明顯地邀請他們離開「魚船和自己的父親」（瑪竇／馬太福音 4:22）。當耶穌呼召他的第一位門徒時，他是在跟那些已經快樂地定居，並且已經有穩定信仰的人談論更進一步的旅程！他可不是在說加入一個新的安全系統、新的教派，或是甚至能幫你付帳單的宗教組織。許多讀聖經的基督徒卻沒看到這一點，這讓我感到非常驚訝。或許他們是因為還沒有完成第一項任務，因而無法回應第二項任務的呼召。除非你把第一棟房子蓋得很結實，否則你是絕對不會離開的。然而諷刺的是，**把房子蓋好，正是推自己出門**。

記住，奧德修斯完成了許多的征服；亞巴郎（亞伯拉罕）擁有許多財物；聖方濟曾經花天酒地過；達味（大衛）、伯多祿（保羅）有過許多殺戮；瑪利亞瑪達肋納（抹大拉的馬利亞）經歷過許多愛欲。我們大家都經歷過許多起起落落，才終於準備好要步入下一階段的旅程。許多人無法前進，是因為我們沒有完成第一項任務，也沒有從上一項任務中學習到教訓，或者是目前的成就還沒有被別人認可。我在阿布奎基的監獄擔任神父的十四年來，見過太多永遠陷溺在青少年心態的成年人，因為他們沒有好好地完成自己的第一棟房子，甚或根本還沒開始蓋房子。他們通常沒有受到父母妥善的教養，也沒有得到能夠穩固他們第一階段生命的反照。

沒錯，我們是被誘惑著進入生命的第二階段，但是有部分那麼做的原因，是在於我們已經完成了第一階段的人生任務，或至少完成了一部分。一旦完成並且活過了之前的階段，我們就可以、也將會向前邁進。我們會在適當的時機，因恩典而安靜地向前漂移，而過去的課題會暴露出它的不足，或者直接化為碎屑。我們所能做的，就是活在被賦予的當下。我們無法加速這個過程，只能盡己所能地完成人生的每一個階段——然後，我們就不需要再多做什麼了！但是在那之前，我們首先要仔細地描述一下，如何建造我們的第一棟房屋。

第三章 人生的第一階段

世界是神奇多，可預期少；自主多，掌控少；變化多，單純少；無限的多，可知的少；多的是我們在年少時期想像不出能夠容忍的絕妙困擾。

——詹姆士．霍利斯（James Hollis）《尋找第二階段人生的意義》（*Finding Meaning in the Second Half of Life*）

在後現代的年代之前，我想像不出人類歷史上除了當今這個年代，有哪個文明不重視法律、傳統、習俗、權威、界線，以及明確的道德觀。在現實生活的混亂出現之前，這些賦予了我們需要的必要安全感、延續性、可預測性、衝動的掌控，還有自我結構。健全保守的人，通常比那些抱持「形式自由」、「由你自己作主」觀念的人要成長得正常、快樂，這是我研究過後的個人看法。

我確信：**如果沒有某種形式的法律，也沒有經過與那種法律的對抗，我們就無法順利、自然地向前邁進。**不論是兩歲還是青春期的叛逆，都是與生俱來的，我們必須有某種強硬、半好的事物去反叛。我們需要一個稱職的對手來測試自己的實力，正如德國詩人里爾克（Rilke）所說：「當我們只戰勝微小事物時，我們就感覺自己很微小。」

你需要一個強壯的容器，來承載未來人生中所遭遇的內容與矛盾。反諷的是，你需要一個非常強硬的自我，才能放棄你的自我；你要先跟規則抗爭過，才能捨棄規則；唯有先對抗過外在價值一陣子後，你才能內化這些價值。這一切將會建構出一個堅定的、能積極順服於耶穌的自我，然後「自我死亡」。事實上，有太多人（尤其是女性以及弱勢者）都過著非常扭曲與挫折的人生，因為他們試圖放棄一個根本還不存在的自我。

對我們大多數人而言，這種看似自相矛盾的弔詭是非常重要的；而為了每個人、每個家庭和文化的健全，這個弔詭的兩面都必須要釐清。眼下，正是我們文明的關鍵時刻。我們有太多人走在極端：有些人以英雄式的「犧牲」作為自己的整個身分，然後迫使周圍所有的人犧牲，來成就他的犧牲和英雄作為。有些人自私而叛逆，又沒有受過「放手」的訓練，拒絕作任何的犧牲。基本上，如果你在被保護的第一階段人生停留超過該有的時期，你就會變成一個偽裝得很好的自戀者，或是成年的嬰兒（當然也是個自戀者！）——而在主流文化中，這兩種人都被視為人生成功的「好傢伙」。難怪普洛金要稱呼我們是個「病態青春期文化」。

然而，要完整建構出第一階段人生的容器，必須透過控制衝動、傳統、集體象徵、家族向心力、對權威的基本尊敬、社會及教會規範、善美感、價值，還有你的國家特有的重要性、民族特質以及宗教（舉例說明，猶太人自認是被「揀選」的人民）。再度引述阿基米德的名言：在你撼動世界之前，必須同時擁有「槓桿和支點」。

受過教育、老練世故的現代人擁有許多槓桿，但是大多數人卻缺乏一個紮實的支點，他們不是自我認知脆弱，就是過度地強調自我認知。這說明了一件事，就是我們沒有好好地完成第一階段的任務。那我們又要如何進入第二階段？

大多數人都試著只靠自己去完成他們生命的平台，同時還要操作所有新的槓桿。這讓我想到了CEO、企業領袖、士兵，以及那些本身就缺乏原則或道德感，然後在受到壓力時就隨便「挑」一種道德規範的父母。這種模式會放任孤立的自我掌控一切，當然也象徵著走在即將來臨的悲劇前方的**傲慢**。如果我們試圖去過順序顛倒的人生，在文化、宗教或傳統都還沒為我們打下任何基礎時，就想為自己建造美妙的超級結構，那這種模式的結果幾乎已經可以預見了。坦白說，比起前者，保守或傳統地開始要簡單多了。我知道有些人不想聽到這點。

但是，我們都需要從經得起時間考驗的「不變傳統」中獲得一些協助。人生太短暫了，有太多我們不需要犯的錯——還有一些我們**需要**犯的錯。我們都是社會和家庭生態系統中的一分子，但是這個系統的架構，卻理所當然地在預防我們向下墜落，還有更重要地，學習**如何墜落**以及如何自墜落中**學習**。想一想格林兄弟、安徒生童話或是蘿拉・英格絲・懷德[1]的故事，內容大多都圍繞著一個難題、問題、困境、挫折、必須要克服的邪惡，而且永遠如此。

當我們總是讓孩子避開可能是必要的跌倒時，其實是在幫倒忙，因為你**必須透過跌倒，才能學會要如何重新爬起來！**正是因為從腳踏車上摔下來那麼多次，你才終於明白什麼叫作**平衡**。溜冰者左右推進，最後終於抵達目的地。永遠不允許自己跌倒的人，其實是失衡卻毫不自知。這就是為什麼這種人很難相處的原因。請花點時間思考這一點。

在所有屬靈系統中，法律[2]和傳統似乎都是必須的，這兩者可以**揭露並且限制我們原本的自我中心**，讓我們有機會擁有某種程度的社群、家庭還有婚姻。當你看到十歲兒童激烈地維護他們的遊戲規則時，你就是在見識早期生命中這一點有多麼重要。規範架構了兒童的世界，並且賦予他們基本的意義與安全感。在全然開放的原野上，我們早年的生命是無法茂盛茁壯的。正如瑪利亞・蒙特梭利（Maria Montessori）、魯道夫・史坦能（Rudolf Steiner）還有許多教育家所說，孩子們需要相當程度的規範、可預期性與一致性，才能好好地成長。混亂的情況和混亂的家長理所當然地會帶給兒童無論內在或外在的哭泣、退縮和憤怒。

著名的訓狗師凱薩・米蘭（Cesar Millan）說，如果沒有限制狗的自由與情緒，那條狗就靜不下來，也無法被教導。其實，與一名「平靜而強勢」的主人一起在一個有明確限制與界線的環境裡生活，這樣的狗較為快樂、輕鬆。當我為我的狗維納斯繫上牽繩，帶牠出去遛達時，就是她最快樂、最受教的時候了。人類在某些階段中是否也是如此？我認為是，雖然承認此點實在讓人感到丟臉。

少了類似十誡這樣的律法，我們此刻在地球上的存在將會變得十分可悲。試想，如果你無法信賴別人會跟你說實話或不偷你的東西會怎麼樣？如果我們不被要求尊敬父母，然後開始對所有權威都回以冷嘲熱諷和不信任又會如何？如果伴侶之間的「我愛你」其實沒有任何意義？如果芮內・吉拉德（Rene Girard）稱之為「模仿的競爭」的貪婪是被鼓勵而且允許漫無止盡地成長，一如今天所謂的資本主義那般，又會

1 譯注：蘿拉・英格絲・懷德（Laura Ingalls Wilder），美國作家，代表作為《大草原之家》（*Little House on the Prairie*）。

2 編注：本章中所提到的「法律」（law），有時並非單指政府頒布的現行法令、法規，而是指聖經的法律。

怎樣？這樣的模糊不清是任何文明、任何信賴與快樂世界的死亡。我在想：我們是否已經抵達這樣的世界了？

缺少法律，人類的生命會呈現無政府狀態和一團混亂，那種混亂會隨著世代而加倍成長，像巴貝耳塔（巴別塔，見創世紀 11:1-9）一樣。我們現在必須在國中開設基本的教養課程，因為有太多孩子的教養都太差了。我們社會中有太多人遭遇到言語、肢體、性還有心理上的侵害，那些侵害者沒有基本的人際關係技巧，此外也沒有一點自律。

沒有被某種「限制」管教過的人，在第一階段的人生中，是沒有資格去教養孩子的，他們往往自己就是孩子。根據德國哲學家雅士培（Karl Jaspers）所說，受限是短暫的，伴隨著恐懼的經驗、責任感、罪惡感或焦慮感，在這個過程中，人的心智會面對它的限制和界線，然後允許自己揚棄這種限制性的偽安全感（期待是以正面的方式），向前超越，然後進入自我意識的新領域。換句話說，我們很諷刺地需要受限的情況和界線才能成長，完全開放的空間反而無法同樣迅速而良好地完成這項任務。當上主告訴亞當和厄娃（夏娃）**不可以**吃蘋果時，就是創造了絕佳的受限情況，而且祂完全知道他們一定會吃。

如果你希望工作能被即時、負責而且沒有藉口地妥善完成，那你最好雇用一名曾經面對過一些受限情況的人。唯有他／她才擁有自律、準時、正面的自我形象，以及對於完成工作的堅持。如果你想要相反的成果，就雇用被呵護、還沒做什麼特別的事就獲得「我很特別」胸章、所有的帳單都是別人在付、原有的自我中心想法從來不曾被挑戰或是否定的人。老實說，這似乎描述了美國大部分的工作人口和學生。在知名大學的暑期研究班，我收到過許多書寫風格和內容都讓人感到難堪的報告，但是，如果這些報告沒有得到A，這些「成人」還會很驚訝。這對我國的未來而言，實在不是好消息。

有條件與無條件的愛

在我們的時代裡，我們目睹了數百萬人投身於各種思想：共產主義、法西斯主義、恐怖主義和完全不受限制的資本主義（是的，華爾街也是我們的思想體現）——他們往往是憤怒地反抗某種壓迫的容器，或是因為他們完全沒有靈魂的容器。在許多（假設不是大多數）當代的社會運動中，我們正目睹了前所未有的、被寄託錯誤的憤怒。建構在這樣一個負面的基礎上，當然會無可避免地建造出一座負面的建築。

這些「主義」，沒有一個能創造出「愛的文明」或者是正面的能量。它們大多是人類腦袋中的理論，出自於微小卻自大的人格，只會留下失落、饑渴的靈魂和悲傷的外在。在缺乏進階長者的情況下，我們大部分的歷史都是由初階者的反應、過度反應還有保護自己的短暫特權所構成，不像依洛科族（Iroquois Nation）那樣擁有深刻時間的視野，依洛科族考量的是：「對於接下來的七個世代，什麼才是有益的？」把他們的想法和美國當前的政治茶會比較一下吧。

認為這不過是宗教性的老套道德勸說的人，我提出佛洛姆（Erich Fromm）的經典《愛的藝術》（*The Art of Loving*）[3]中的智慧。他說，他所知道最健全的人，那些以最自然的方式長大的人，就是在雙親及早年權威人物的看照下，經歷了無條件的愛和有條件而且要求嚴格的愛而成長的人！在許多令人印象深刻、有影響力的人物身上，似乎都能確實地看到這一點，例如聖方濟、約翰．繆爾（John Muir）、伊蓮諾・羅斯福（Eleanor Roosevelt）還有德雷莎修女，你還可以繼續往後加。我和我的兄弟姐妹們從母親身上獲得有條件的愛，從父親身上獲得無條件的愛。現在我們都承認，她對我們年長後的人生有著極大的幫助，即使我們年輕時老是跟她對抗。我們都很高興老爹在那裡擔任了平衡的工作。

我知道這不是當今心理「正確」的看法，因為大家似乎都認為，除了無條件的愛之外，我們什麼都不需要。任何律法、糾正、規則或是限制，都是「有條件的愛」的代名詞。我覺得很有意思的是，神的「有條件的愛」與「無條件的愛」都同樣在同一部聖經中出現，例如〈申命紀〉和〈若望福音〉（約翰福音）。聖經真正唯一的承諾，就是**無條件的愛將會得勝！**

我聽說，最有效率的組織，往往有著兩位合作密切的「好老闆」和「壞老闆」。一個讓我們緊密地結合在一起，另一個則告訴我們殘酷的事實，並且為我們設定明確的目標和限制。無知地要求自己的權利，以及對自由被限制的過度反應，對我們當家

3 Fromm, Eric, The Art of Loving (New York: Harper & Row, 1956), 43f.

長和婚姻伴侶其實都沒有好處，更別提我們身為員工、學生、聊天對象、團隊成員或是市民所需要的技能了。看來，能夠掌握他人的努力，才能創造出人性而公正的文明。

我確信，佛洛姆在此是非常睿智而正確的，他的智慧絕對符合我自己一輩子的觀察。我們似乎都需要某種挫敗、鞭策和一面可以碰撞的牆壁，才能創造出適當的自我結構和明確的身分。這樣的挫敗，可以內化自己更深的價值、教育我們的感覺功能、推翻我們特有的自戀心態。

事實上，對抗受限狀況能教導我們的著實很多。聖保祿（保羅）在對法律的戰爭中，他寫給羅馬人的信中說道：「藉著法律，我才知道罪是什麼。如果不是法律說：『不可貪戀！』我就不知道什麼是貪情。」（羅馬書 7:7）（儘管保祿可能有許多的精神官能症，他同時也是屬靈的天才，而且就某方面而言，很高興能知道精神官能症與洋溢的才華能共存在一個人身上。）

在我擔任輔導者與聽人告解的神父，和許多不同層次的人（包括在監獄）接觸過後，我要說：**那些抱怨雙親和權威人物太久的人，注定人生會停滯不前，或是會成為**

自戀者。已經有相當一段時間，美國接受「創傷身分」（就是把一個人的受害者身分當作他整個人的身分、通往同情的車票，以及不付出的藉口），而非用這創傷來「救贖世界」，就像耶穌和許多將他們的創傷轉變為神聖傷口的人所做的，不但能解救他們自己，還能解救別人。

有些人能夠把自己生命的傷口，轉化為給社會的餽贈。如果歐普拉（Oprah）無法把這些人突顯出來，讓他們的行為被看見，那她八成也作不成節目了。這些人往往並非特別虔誠，他們只是關心別人，不希望別人遭受和他們一樣的傷害。

這讓我想起耶穌一則關於兩個兒子的故事：一個兒子說了該說的話，卻從未把這些話化為行動；另一個說錯了話，但是他卻真的到葡萄園去做工。耶穌說那個最後採取行動並且「履行了父親的意願」的人，就算他是缺乏「正確信仰」的稅吏或者娼妓，也能夠先進入天國（瑪竇／馬太福音 21:28-32）。**耶穌似乎經常在那些沒有獲得很多愛的人身上找到愛。或許他們對愛的深切渴慕，成為他們接受並給予愛的能力。**這絕對符合我個人的人生經驗。

有創造力的張力

毫無例外地，成熟的人總是會感謝他們較為強硬的家長、謹守律法的教會、嚴格的教練和要求嚴謹的教授——但這通常發生在多年之後。這是已經超越並且內化的明顯訊號。會說出這種感謝的，通常是五十幾到七十幾歲的人，很少是二十幾到四十幾歲的人，除非他們成長地特別迅速。當然也有些人受到了很致命的創傷，需要花費比較長的時間去療癒和成長。

如果你願意的話，我想把你放入一個很有想像張力的情況中，然後維持住這個情況。我保證這是一種創意的牽引力，因為靈性的成長同時需要法律和自由，正如保祿在〈羅馬書〉和〈迦拉達書〉（加拉太書）所說。這是他從耶穌那裡學到的，耶穌連續說了七次「法律說……我卻對你們說……」（瑪竇／馬太福音 5:21-48），同時向我們保證「我來不是為廢除，而是為成全」（瑪竇／馬太福音 5:17）。儘管基督徒被告知要保守住這個想像張力，卻很少有信徒能真的好好守住。我們若不是跪在法律面前，就是憤怒地反抗——兩者都是不成熟的反應。

事實上，我見過許多猶太教徒、印度教徒和佛教徒都做得比基督徒好，因為**鮮少有基督徒被教導要如何同時活出法律與自由。**西方的二元化心智無法好好處理這兩個看似對立的矛盾。若是缺乏冥想的心智，我們就無法了解如何掌握有創造力的張力。我們習慣在尚未明白可以從中學習什麼之前，就先下判斷，然後要求完整的解決方式。這不是智慧的方式，而是處於第一階段人生者的運作方式。

相形之下，「原始純樸」的原住民社會可能比我們更能保守住這個張力[4]。有太多證據顯示，許多傳統社會透過高度完成的第一階段人生，而創造出健全的心理和自我結構，儘管他們可能不如我們「開化」與個性化。在原住民和「未開發」的印度人、菲律賓人和南美洲人身上，我看到許多這樣的例子。比起我們，他們往往不那麼神經質或焦慮，在面對失敗或損失時，處理得也比我們好多了。如果你有機會造訪拉丁社區、貧民窟還有世界各地的小鎮，就會知道這是多麼地真實。歐文・巴非爾（Owen Barfield）說，他們對於現實和神，享有一種單純卻改變人心的「原始參

4 Mander, Jerry, In the Absence of the Sacred (San Francisco: Sierra Club Books, 1991).

與」(original participation)。

在西方世界裡，我們的監獄似乎蓋得不夠快，療癒小組、治療師、再教養課程也不夠多，無法滿足在這個高度教育、信仰虔誠、世故老練卻缺乏對限制該有的尊重，同時大量要求個人權利的社會中所充斥的受創者。這到底是怎麼發生的？精神官能症和憂鬱症怎麼會是常態而不是例外？就我觀察，我們的年長者很少是進階者。當他們是真正的進階者時，我們就會愛上他們。

數個世紀以來，我們的前提就是反對法律和權威。從提出抗議的宗教改革、一點都不具啟發性的啟蒙運動，到民主的興起（順道一提，這些也都是必須的！）以來，任何傳統或任何關於限制的話題，都不受人們歡迎。現在我們教育孩子的方式都像自由落體，期望他們能因某種運氣或直觀，就能神奇地得到智慧。

在人生的早期，我們不能任憑自我掌管一切，否則它將會整個掌控我們。完全開放的空間反而會讓我們因為選擇太多而受害，而且很快就會被這些選項推著走，直到我們被它所控制。儘管法律和結構有時並不可靠，但它們為我們幼稚的浮誇心態設下某種限制，幫助我們和外在世界建立一個互助的關係。

貧乏的第一階段

我深刻地意識到，在人類歷史以及個人的發展上，濫用法律、習俗、權威和傳統會造成怎麼樣的傷害。我知道，如果我們僅僅依賴結構和權威，將會引發摧毀性和不成熟狀態的後果。它所帶來的盲目和憤怒非常具有殺傷力，因為它往往會奪走必要的自信和必要的自我懷疑。我們從現今的政治辯論（此處迅速回答以免你深入研究）及全世界宗教驚人的基本教義思想中，都可以看到這一點。

歷史上大部分的戰爭、種族屠殺和悲劇，都是由掌控大權的領袖之下毫不質疑的追隨者所興起。追隨這樣的領袖和思想，會有一種奇異的舒適感，即使這讓他受到侷限，甚至是被帶領著走向邪惡。因為那可以免除我們思考以及負起個人責任的負擔。我們都喜歡熟悉、慣性以及自己的團體，並且深深地被早期的制約所綑綁，無論好壞。大多數人不會想離開他們充滿安全與安全感的根據地，除非他們有事不得不離開。所以福音召喚著我們，一遍又一遍地要我們**離開家**、**家庭和漁網**（瑪爾谷／馬可福音 1:16-20）。若沒有這個必要的分離，教派本身（尤其是我這個教派）會像某種

「救贖」，成為成熟宗教所提供的，用來替代真正解放的最常見也最虛偽的替代品。「維護規範，規範就會維護你！」我們進入神學院的第一天就被如此告知。方濟會修士應該要更清楚才是。

但是，我並不是要說「只能二選一」，我要說的是「兩者皆是」。這不僅是「證明規則的例外」，基於某種原因，**喪失規範或逾越規範，同時也證明了規範的重要性與目的**。你必須先吃下園中的果子，才知道它的滋味，以及如果不吃的話你錯過了什麼。處身於後現代的我們，或許是歷史上第一代可以在享有自由的同時，還能明白、並且批評規範的世代。這快速地改變了一切，並且讓我們心智進化。[5]

目前的天主教會，正在進行一場龐大的、某些人可能稱之為「人格的回歸重建」的範例。「人格的回歸重建」是一種想要回到「舊時美好時光」的渴望，當我們處於巔峰、安定、自我肯定的時期，我們會想回到舊時，並且與之攜手並進（我個人並不相信，因為我經歷過所謂的舊時美好時光，其實對於大多數人而言，那並不怎麼美好）。這在年輕的神父之間尤其顯著，他們彷彿視教會是安全系統與終身雇主。

無論如何，這種新的部落主義在全世界的宗教中都看得到——一種重新追尋的渴望，追尋一個人的根源、傳統、象徵、種族身分，以及個人的獨特身分。有些人說，是「身分認同政治」在統治我們的國家。當全球七十億人口開始進行龐大而恐怖的全球化時，這是可以理解的，但這也使我們陷入**兩黨對立**的陷阱，然而，我們卻從不曾達到進階者們**超越黨派**的境界。大家都以為只要擊敗對手，就可以獲得某種較高層次的真理！這真的令人難過，但是，這就是充滿憤怒或恐懼的二元化心智所能抵達的境地。

當有些人無法好好完成第一階段的生命任務時，他們會倒回去企圖再來一遍——然後往往做得太過！這種模式通常呈現出一種矛盾的混合與象徵，一邊是守舊的作風，另一邊是非常現代化的思想，如消費主義、科技、軍事主義和個人主義。這通常

5 螺旋動力學是一種宣稱能「解釋一切」人類意識的理論。事實上，它相當具有說服力，並且在理解個人、團體和國家在什麼層次上，以及整個世代所聽見、處理並且根據經驗採取的行動上，也非常有幫助。皮亞傑、馬斯洛、馮勒、高爾拔還有格雷夫斯墊下基礎，羅伯特．凱根（Robert Kegan）、唐．貝克（Don Beck）和威爾伯已讓「整合學」成為政治、社會和宗教討論的一部分。「超派系」思考往往用在形容更高層次的意識，然而有許多前衛人士，依然認為我們最高是無法超越「兩黨」的。我用「非二元性思考」或是「默觀」來表現近似的意思。

是這些人的盲點，讓他們不會是真正的保守主義者。事實上，新保守主義者通常是現代化進步與在系統中向上爬升的忠誠支持者，正如我們在許多基督教基本教義派、摩門教徒，還有傳統的天主教徒中所見的那般。唯有那些強調真實而不計代價地改變自身生活型態的團體，才能稱為真正的保守主義者，例如艾米許（Amish）、夏克教徒（Shaker）、門諾會（Mennonite）、天主教工人（Catholic Worker）、佳蘭隱修會（Poor Clare）還有貴格會（Quaker）等。

在擔任監獄神父的十四年間，我看過許多這種模式的例子。犯人們無一不變得極度虔誠、高度道德化和過度法治化（信不信由你！），還有許多人將一切過度地理智化。他們會做任何事，來試圖補償過去破碎、或許從來不曾發展過、卻曾被公開羞辱過的犯罪的自我。雖然我是天主教神父，但有時候我最不信任的就是大量的「宗教性」語言還有關於耶穌的言論。再提醒一次，這是對於失敗的第一階段人生的一種回歸重建，只是它很少能長期地持續下去。

最近有一項研究指出，在過去十幾、二十年間進入神學院的年輕人，有大部分來自於單親家庭，其中有很高比例是被我們稱為有「父親創傷」[6]的人，這種創傷可能來自一個缺席、感情冷淡、酗酒或是家暴的父親。這點和我個人在天主教神學院、監獄、部隊或任何純男性環境中工作的經驗極度吻合。這些男性中，有許多都成長於後現代的歐洲與美洲，而這兩個地方自六〇年代後就毫無穩定性、持續性或確定性可言，就連教會都試圖透過第二次梵蒂岡會議重建自身。

自一九六八年以來，一切都不斷在變化，再加上過去十五年來不曾停歇的戀童癖與高層掩飾的公開醜聞，使得主教、神父還有修士都沒有機會好好地完成他們人生第一階段的任務。如今，這種到處皆可見的空乏已成為眾人生活的環境，所以他們都忙著回頭去完成他們早就該完成的任務，而把首要任務排到後面去了！這種順序的顛倒並不是他們的錯，他們只是想要一個優越而安定的族群——而且是屬於他們的！男人們參加男性的聚會（例如教會），去吸取他們在當兒子時錯過的男性能量；或者他們是因為接受了「自由企業」和促進社會這兩種男性的競賽。我經常猜想自己是否也是這樣，但願不是。

6 Rohr, Richard, From Wild Man to Wise Man (Cincinnati, Ohio: St Anthony Messenger Press, 2005), 73f.

這樣的結果，就是迎來了一個充滿刻板觀念又「抗拒風險」的修道士和年輕神職人員的世代。他們只想在他們判斷安全與優越的團體外面圍成一個保護圈；這些人專注於衣著、頭銜、福利，還有宗教的表面；坦白說，在他們自己能掌控或解釋的世界之外，他們根本就一無是處。大公主義、跨信仰對話，還有社會公義，對他們而言都不重要。我們必須要能坦然而堅定地面對自己的身分，否則我們無法和他人溝通對話。只要我們還試圖去建立自己的家庭、教養下一代、確保安全、教派，以及第一階段沒有獲得的驕傲，我們就無法理解靈性的第二階段生命。

我這個年紀的大多數人都無法回到這條舊路上，不是因為它不好，而是因為**我們已經走過、並且從中學習了**。遺憾的是，我們仍有一整個世代的政治領導人物還在建構他們個人的成功高塔，因此沒有什麼能力來引導年輕人或是挑戰新手。因為在某方面而言，他們自己都是新手。自我認知被歸為心理學名詞，愛則是「女性的軟弱」、批判性思考則是不忠，而法律、儀式還有神職技能則成為真實神聖經驗或誠懇關係的替代品。對於任何教會或社會而言，這都不是一件好事。

所以，讓我們透過這一切來看看路該怎麼走，因為**屬靈上沒有死路**。神也會運用這一切（雖然不知祂會怎麼做），然後將我們引向偉大的生命。但是，總有能更自然地向前邁進的方式，只要我們能分辨常見的偽裝和死路。

讓忠誠的士兵除役

普洛金在科羅拉多州杜蘭歌的靈魂研究院（Animas Institute）帶領人們在大自然中進行長時間的禁食並追尋異象。他提供了從「自我為中心」到「靈魂為中心」[7]這樣明確而充滿真實的做法。普洛金和我一樣，為了我們的世界大多滯留在人生的第一階段而感到難過。他的作品揭露了後二次世界大戰中日本的歷史景況，展現出人們可以接受幫助，然後從生命的第一階段成長、進入到第二階段。

在這個情況裡，有些日本社區聰明地理解到，歸鄉的士兵並不適合、也還沒準備好要重新進入一個文明人性的社會。這些士兵在人格形成的歲月中，唯一認同的身分

7 Plotkin, Bill, Nature and the Human Soul (Novato, Calif.: New World Library, 2008), 49f. 在普洛金的八階段發展輪中，他認為早期階段大多是由自我推動，因為必然如此。在我們能與更深的自我有某種「靈魂接觸」之前，我們無法接受靈魂的牽引並且從更深的自我認知中生活。這絕妙的解析和我自己在啟蒙方面的工作（M.A.L.Es）相當類似。

就是當國家「忠誠的士兵」，他們需要更廣闊的身分認同，才能再度以「有用的公民」的身分重新加入社會。8

於是日本社會創造了一個共同的儀式，讓士兵公開地接受來自群眾真心誠意的感謝和讚美。在儀式進行了一段時間後，一名長者會起身站起，充滿權威地發出這樣的宣告：「現在戰爭已經結束了！社會需要你放棄從過去到現在你為自己和為我們服務過的一切。社會需要你回歸為一個人、一個公民，一個超越士兵的人。」在男性的工作中，我們稱這個過程為「讓忠誠的士兵除役」。

對大多數人而言，**這種終結的儀式，在生命重大的轉換時期非常必要**。因為我們已經失去了對這種儀式的需求感，大多數人也**抓不到進入生命第二階段的契機**。沒有人告訴我們第一階段生命的世界觀是多麼地駑鈍和侷限，所以我們就這樣繼續走下去。日本人聰明到創造出一個明確的結束、轉化以及可能的方向。西方人對於儀式非常渴切，這一點和大多數的人類歷史很不一樣。就連教會的儀典都過度地注重於維繫教眾在內部的忠誠，與神職人員綁在一起，成為教會忠誠的士兵，很少有提到向外或是向前的旅程——那種耶穌召呼人們進行的旅程。

國家也想要忠心的愛國份子與國民，而不是思想家、評論者，或是有更大世界觀的國民。難怪我們有那麼多的憂鬱和成癮，尤其是在上了年紀的人與教會之中。他們的整個生命，都在教會與國家的攜手合作之下被截肢了。

忠心的士兵很類似於耶穌所說的「蕩子比喻」中的長子。他恪守嚴格的規矩和自己應得的權利，對父親既順服又忠誠，這一切卻反而阻礙了他參加父親準備的「盛宴」，儘管那是父親拜託他參加的！（路加福音 18:9-14）我們沒有任何線索證明他去了！對處在第一階段的宗教而言，這是什麼樣的評斷！更別提這是直接從「大老闆」那裡批下來的。耶穌在法利塞人和稅吏的寓言（路加福音 18:9-14）[9] 中提出了相同的論點。其中一人似乎忠實，但卻被耶穌認為是錯的，另一人並沒有遵守律法，卻被

8 Plotkin, Bill, Soulcraft (Novato, Calif.: New World Library, 2003), 91f.

9 一個是法利塞人和一個稅吏同在聖殿祈禱。法利塞人說：「天主，我感謝你，因為我不像其他的人，勒索、不義、姦淫，也不像這個稅吏。我每週兩次禁食，凡我所得的，都捐獻十分之一。」那個稅吏卻遠遠地站著，連舉目望天都不敢地說：「天主，可憐我這個罪人罷！」耶穌說：「這人下去，到他家裡，成了正義的，而那個人卻不然。因為凡高舉自己的，必被貶抑；凡貶抑自己的，必被高舉。」耶穌藉此故事提出正確的祈禱態度，並且不要高舉自己，貶抑別人。

認為符合神的心意。這種經典的「顛倒神學」（reverse theology）是要顛覆我們慣常的榮譽獎章思考模式。長子和法利塞人都是虔誠的好士兵，是教會告訴我們應該要成為的典範，但是耶穌卻說他們兩個都忽略了重點。

忠誠士兵的聲音讓我們安全地度過人生的第一階段。它教導我們在過馬路前要先看左右、要能控制衝動避免上癮和強迫性的情緒、要學會對自己說神聖的「不」以獲取尊嚴、身分、方向、重要性和界線。我們**必須**學習這些教訓，才能有好的開始！從保守的世界觀和尊重傳統開始會比較容易，因為那能讓你有一種「起點」的感覺，讓你在人生的長跑中更為有力，即使它不過是讓你有個可以踢的「刺錐」（宗徒大事錄／使徒行傳 26:14）而已。許多人愛上了自己的起點和地位，因為那是他們自我的延伸，然後他們花上自己整個生命，去建造一座環繞起點的白欄杆。

三十歲以前，若是沒有「忠誠的士兵」保護我們，這世上的監獄和精神病房可能比現在還要擁擠。睪酮素、成癮、自我、濫交和虛榮會在大多數人的生命中全面得勝。少了忠誠的士兵，我們可能會沒有目標、沒有形體，也沒有可依靠的家庭和長期的人際關係，因為家中根本就沒有「我」去跟任何人建立關係。有很多的槓桿，卻沒有可豎立之處。

矛盾的是，忠誠的士兵給我們那麼多的安全感和合理性，你可能會把他的聲音跟上主的聲音弄混了。**如果這個內在、批判的聲音，這些年來都被當作你內在的權威之聲，並且保守你的安全，那麼結果可能是：你再也聽不見神的真實聲音了**（請再讀一遍剛才那段話以收到最大的效果！）。忠誠的士兵是你早年遇見所有權威人物的聲音。他那份能讓你感到羞恥、罪惡、警告、界線還有自我懷疑的能力，都是他給予你的永不停歇的禮物。要記住，那也可能是女性的聲音，但那不是神的「堅定、細微的聲音」（列王紀上 19:13），不是來自於神的**賦予我們力量而非奪走力量的聲音**。

忠心的士兵無法賦予你第二階段的生命。他甚至不瞭解也從沒抵達過那個階段。在你早期要求黑白分明的想法下所做的決定，他可以協助你穿越絕境；但是當你轉入中年或以後更複雜的生命時，就必須跟他說再見了。日本人沒錯，希臘人也沒錯。奧德修斯在整部《奧德賽》中都是一名忠誠的士兵，如英雄般努力划著他的船，直到盲眼的先知告訴他人生還有更多，以及他必須放下他的槳。如果你曾經讀過《神曲》（*Divine Comedy*）就會發現，但丁（Dante）放開了伴隨他穿越冥府和煉獄的維吉爾（Virgil）之後，才明白唯有碧翠絲（Beatrice）才能領著他進入天堂。

維吉爾是第一階段人生的人；碧翠絲是第二階段人生的人。在人生的第一階段，我們和惡魔對抗，並且三不五時地會得到「勝利」的假象和虛榮。然後在人生的第二階段，我們總是輸，因為我們是和神對抗。**第一階段的戰爭強化我們的自我，創造了英勇而忠誠的士兵；第二階段的戰爭擊敗了我們的自我，因為神總是贏。**難怪很少有人願意放開他們忠誠的士兵，難怪很少有人抱著成長的信心。我們的自我痛恨認輸，儘管是輸給神。

忠誠的士兵基本上和佛洛依德所描述的超我（superego）概念非常類似。佛洛伊德說，超我通常是真實成熟良知的替代品。超我感覺起來很像神，因為除了超我外，人沒有其它的引導。這種不實的良知，是真正道德感最糟糕的替代品。至於是什麼暴露了它虛偽不實的本質？答案就是它拒絕改變和成長，用微小、廉價的道德議題以及永遠嘗試要改變別人，來取代**要求我們改變**的真正議題。耶穌稱此為「濾出蚊蚋，卻吞下了駱駝。」（瑪竇／馬太福音 23:24）在擔任告解神父和心靈導師之後，我才發現這種情況遠比我想像的還要常見。

在人生的第二階段，有個更深沉的神的聲音，你必須學會**傾聽和服從**。那個聲音聽起來很像冒險、信任、屈服、靈魂、「常識」、命運、愛、親密的陌生人、你最深沉的自我、靈魂的「碧翠絲」的聲音。真正的信仰之旅，在這一刻才開始展開；而到現在為止，之前所有的一切都不過是準備而已。終於，我們擁有了足夠強韌的容器去承載我們真正生命的內容，而那總是充滿著矛盾、冒險和龐大的挑戰。**心靈的完整和靈性的神聖，從來不將問題排除在答案之外。**如果它是完整的，那它必定也是矛盾的，因為它同時**涵蓋了事體的黑暗面與光明面**。「完整」和「神聖」總是遠遠地向外延伸，遠超過我們狹小的舒適圈。它們怎能不這樣呢？

於是，神、生命還有命運，必須鬆開忠誠士兵緊握著你的靈魂的手。截至目前為止，你的靈魂似乎是你唯一認識的「你」和唯一存在的權威。我們忠誠的士兵通常都在三十五歲到四十五歲之間開始除役（如果會發生的話），在此之前，通常不過是叛逆和破壞而已。

放開忠誠的士兵，會是殘酷的死亡以及離鄉的放逐。你絕對能感受到依撒意亞（以賽亞）被放逐到巴比倫時的類似感受：「正當我的中年，我就要離去；我的餘年將被交於陰府之門。」（依撒意亞／以賽亞書 38:10）要尋找真正內在的權威，必須將你忠實的士兵除役，或是像耶肋米亞（耶利米）所承諾的將法律「寫在他們的心頭上」（耶肋米亞／耶利米書 31:33）。仍處於生命第一階段的人，在這個階段幾乎沒有勇氣繼續前進，除非他們有引導、朋友、維吉爾、泰瑞西亞[10]、碧翠絲、靈魂知音或是絆腳石，引導他們朝著目標前進。在我們的宗教文化中，很少有人明白成熟內在良知的必要性，因此睿智的引導總是十分難尋。你會較常遇到為你塑造金牛犢的亞郎（亞倫），而較少遇到引導你出谷的梅瑟（摩西）。

通常，在我們忠誠的士兵還沒有面對愛、死亡、苦難、細微、罪惡、奧秘等真正的課題，因而顯出他的匱乏、無能、不足之前，我們是不會讓他除役的。這是我們在談的墜落與死亡的另一種形式。全世界的神話都指向冥府、陰間、地獄、煉獄、亡者之域等地方，或許這些並不是天堂之外的另一種選擇，而是**通往天堂的必然路徑**。

如果我們相信教會的「宗徒信經」就會知道，即使是耶穌，在升天之前也先經歷了「降在陰間」。如果我們沒注意這一點，不是很奇怪嗎？我在全世界研究過的啟發儀式，總是關於「死前之死」。當你第一次將忠實的士兵除役時，感覺會很像失去信念或是失去自我。**但那不過是假自我的死亡，也正是靈魂的誕生。**過去你被「自我」驅使，如今取而代之的是由「靈魂」帶路。在越過鴻溝時你所需要的智慧和引導，將會像凱倫（Charon）渡你過冥河一樣，或像赫密士（Hermes）引導靈魂穿越許多恐怖的疆界。這些都將是你真正的靈魂朋友，從現在起，我們將稱之為靈性指導或長老，居爾特基督徒稱他們為「anam chara」。

記住，海克力斯（Hercules）、奧菲絲（Orpheus）、艾妮絲（Aeneas）、賽姬（Psyche）還有我們的奧德修斯，都經歷過亡者的領域而歸來！大多數神話都會有降入地底世界的情節。正如我們所說的，耶穌也曾「降在陰間」，一直到了第三天他才「升天」。大多數人的生命都是活在「第一天和第二天」，也就是生命轉換即將來到的起點時刻，只是我們絲毫沒有察覺。以我們的話來說，稱之為「中介空間」（liminal space）11。

10 譯注：泰瑞西亞（Teiresia），希臘悲劇中的先知。

11 Turner, Victor, The Ritual Process (Ithaca, N. Y.: Cornell University, 1977), 94f. 這本書讓我第一次明白「閾限」概念，以及為什麼屬靈的改變、轉化還有啟蒙最有可能在我們處於人生關卡時發生。從此之後，中界空間成為我自己在開悟方面工作的關鍵概念。許多人避免進入中界空間，保持定速巡航狀態，什麼新鮮事都不會發生。

聖十字若望教導我們，神必須在**秘密的暗處**在靈裡工作，因為如果我們完全明白正在發生的事，以及奧秘／轉換／神／恩典對我們的最終要求，我們要不是想試圖掌控，就是停止這整個過程。[12]沒有人願意親自監督自己的死亡，就算死的是假的自我也一樣。

上主必須秘密地解除我們的幻象，也就是當我們沒注意、不操控的時候，奧秘者如是說。這或許就是為什麼神的最佳代名詞是**奧秘**的原因。透過恩典與時間安靜的工作，我們以自己也無法明白的方式向前邁進。當我們抵達時，我們將永遠無法確定這一切究竟如何發生，而神似乎也不在意功勞的歸處，只要我們繼續成長即可。聖額我略尼沙（St. Gregory of Nyssa）早在西元第四世紀就說過：「只有在我們拒絕繼續成長時，罪惡才會發生。」

12 Mary, Gerald, The Dark Night of the Soul (New York: Haper-Collins, 2004).

第四章

生命的悲劇意識

在深處，是心理學警告過我們的暴力和恐怖。可是如果你能駕馭這些怪獸，如果你能和牠們一起墜落世界的邊緣，你將會發現，我們科學無法定位或命名的底層，是支撐一切的海洋或母體或乙太，賦予善美以善美的力量、賦予邪惡以邪惡的力量的統一場：我們對彼此以及共處的生命那錯雜而難以解釋的關切。這是天賜，而非學習而來。

——安妮・迪勒（Annie Dillard）《教石頭說話》

（*Teaching a Stone to Talk*）

「生命的悲劇意識」這個詞，是在二十世紀初期，由西班牙哲學家米格爾・德・烏納穆諾（Miguel de Unamuno）加以普及化。他勇敢地告訴歐洲世界：他們將信仰和西方哲學的「進步」相提並論，而非他在聖經[1]中所見到的顯而易見的意思，是完全扭曲了信仰的意義。耶穌和猶太先知們全然而坦然地接受生命的悲劇意識，使得他們對於現實的本質和形態，有極為不同的所見。或許不僅對他們是如此，對烏納穆諾，或對我們也都一樣。

藉著這樣清楚而坦白的描述，我對烏納穆諾的理解是，生命絕不是（也從來不曾是）一條向前的直線。根據他的說法，生命的例外和失序的特質，遠超過整體完美的秩序。正如聖經的傳統很明確地指出，生命同時是失落與再生、死亡與復生、混亂與療癒——生命似乎是矛盾的衝突。於潛在而無比強烈到足以涵蓋死亡的生命力當中，烏納穆諾將信仰（faith）與信任（trust）畫上等號。信仰也涵蓋理性，但是對烏納穆諾而言，前者的範疇遠大於理性。所謂真理，並不僅止於實際地解決問題、使其「運

1 de Unamuno, Miguel, Tragic Sense of Life (Mineola, N. Y.: Dover, 1954).

行」而已，它更在於調和生命的矛盾。我們不能因為一件事物可能有危險的影響，就認定它是不對或者不好的；相同的，不會因為一件事物能使人高興，就讓它因此變成對的。生命原本就是個悲劇，這是唯有信仰而非我們朦朧的邏輯所能接受的唯一真理。這是我對於這位偉大的西班牙哲學家的思想非常片面而業餘的見解。

悲劇的自然世界

在我們這個時代，量子物理可以顯示出烏納穆諾的解釋很可能是正確的。我們大多數人都受到牛頓的世界觀影響——也就是萬物都有明確的因果效應——不妨稱之為「因為—所以」世界觀，所有的因果關係都清楚而明確。我們現在才開始重視的真理，就是宇宙似乎跟人類的行動方式一樣，都是透過網絡般的「因」在運作，而產生出越來越多的變異、多樣、黑洞、黑物質、死亡與重生、不同型式的失落與更新，而且，就連持續地破壞理性規則，促使智者去尋求能包容一切規則與更廣泛邏輯的暴力，也包含其中。

自然總是更偏向混亂而非秩序，更偏向多重而無一致，其中最大的混亂就是死亡本身！在屬靈生活與現代科學都是如此：比起將過去特定的規則強加在一切之上，透過尊重並且從「例外」中學習，可以讓我們學到的更多。你或許能了解為什麼耶穌和保祿（保羅）告訴我們要尊榮「最小的兄弟」（瑪竇／馬太福音 25:40；格林多／哥林多前書 12:22-25）並且給予他們最大的照護。因為那些走在我們認為正常、適當、善美之邊緣的傢伙們，往往能給予我們最多的教導。他們傾向於揭露事物的陰影和神秘面。這種持續性的例外，讓我們得以不斷重訪所謂的規則與正常——然後重新修正！「例外」讓我們謙卑、促使我們追尋，而不是筆直奔向可以舒緩我們焦慮的解決方式。

我們在這個世上的日常經驗，和柏拉圖世界中遍佈完美形式與想法的情況，幾乎毫無相似之處。我們的世界總是充滿著極大的多樣性，從黑暗中的中微子光、孕育下一代的公海馬，到那些只在夜間無人可見時才綻放的最不尋常的花朵，每樣都擁有無盡的變化型態。「例外」對耶穌完全不成問題，無論那些「例外」是娼妓、醉鬼、撒瑪黎雅人（撒馬利亞人）、麻瘋病患、外邦人、稅吏或是迷途的羔羊。

有些教會的堅定擁護者，那些愛秩序觀念更勝於同情「例外」的人，他們常感到懊惱的，就是耶穌經常和外人一起用餐。只要有一個心態冷漠或是有心理缺失的人存在，就足以改變我們原本認為唯有正確想法才是「救贖」定義的理論了。更何況我們還有一整個排擠、折磨那些沒有「正確」思考的人的歷史。

我還記得教我教會史的教授，是位非常傳統的神學家。他教導了我們四年，在步出教室前，他所說的最後一段話是：「在說了這麼多之後，你們要記住，教會的做法受到柏拉圖的影響遠超過耶穌的影響。」我們為此驚訝到頭暈，但是四年的歷史課程說明了一切。當然他的意思是，我們不可避免地會傾向於普遍性的通則，比起神的慈悲與恩典，我們更傾向選擇可以讓塵埃落定、可以回答一切疑問的答案——即使那不完全是正確的。

耶穌似乎並不教導適用於所有人的法則，取而代之的是，上主會因著當下莫測的變化與失敗而隨時調整。這種調節人類失序和失敗的能力，即稱為神的眷顧或憐憫。每當神原諒了我們，祂即是在說，**神的規則遠不如祂想和我們共享的關係重要**。一旦經歷過聖經上所提到的絕對寬恕，應該就足以讓我們信任、追尋並且敬愛神。

但是，人類很難接受特定、具體、獨特、軼聞等基本上不符合普遍性的模式，於是我們假裝。或許這就是我們都喜歡並且需要幽默的原因，因為幽默總是揭露了這種不定性。根據方濟會的想法，這種特定、獨特、具體的事物總是神的傑作，也是神一直以來的選擇，而這正是出於它的獨特性而非一致性。思高稱之為「此性」（thisness）。基督徒相信「道成肉身」（Incarnation）在一個特定的個人——耶穌——身上顯現。當他離開九十九頭羊，去尋找迷失的那一頭（瑪竇／馬太福音18:12-14），這也成了他的典範。有些神學家曾把「道成肉身」的神聖模式稱為「特定的醜聞」（the scandal of the particular）。我們的心智似乎比較喜歡普遍性：不會被打破、永遠適用的規則和模式，讓我們能夠預測、掌控事物。對科學而言這很棒，但是對宗教而言實在糟透了。

宇宙與人類的故事，是一齣理性與非理性、有意識與無意識、命與運、天生與培育互相角力的戲劇。善美與邪惡的力量扮演它們的悲劇與恩典，引領我們走向災難、回頭路、異變、逾越、重組、敵對、失敗、錯誤，還有不可能的困境（我們後面會說到好的部分！）你知道希臘文中「悲劇」的字面意思是「羔羊的故事」嗎？《奧德賽》就是最原始的羔羊故事，其中可憐的奧德修斯不斷地前進、後退、上上下下（大多是下），就這樣一路回到綺色佳。

每個這樣的經驗，都是要引導我們獲得新知識與某種程度的「向前邁進」，那必然是一種讓人謙卑的知識。**希臘悲劇中的傲慢，就是拒絕在應使我們謙卑的事物之前謙卑**。你是否有注意到，沒有任何美國總統能完全承認他主張的戰爭、政策是錯的——永遠不會。大家也不覺得教宗和神職人員會道歉。這樣的驕傲和妄念，正是每一齣希臘悲劇的核心——然後成為耶穌將自己生命轉換成全新生命、被我們稱為「復活的基督」的最佳舞台。

福音雖然接受了生命的悲劇性，但它親切地補充了一點：**我們能跨越這個悲劇，並且從中成長**。這是完全徹底的轉向！這完全視我們是否願意把「向下」看作「向上」，或者如榮格所說：「你跌倒之處，就是發現黃金的地方。」諾里奇的猶利安說得更詩意：「先有墮落，然後我們從墮落中爬起。兩者皆來自神的恩典。」

我們應該做好準備來面對這種模式，因為整齣戲的開始，是亞當和厄娃（夏娃）的逾越，之後，如許多基督徒所說——透過一場暴力的謀殺，整個世界都被拯救了。如果上主沒有學會用扭曲的線條畫出直線的話，祂就畫不出那麼多線了。猶太教與基督宗教所共有的救贖歷史，就是**整合、運用、寬恕這種生命的悲劇意識**。猶太教與基督宗教都把問題包容在解決之道裡面，並且視它為解決之道的一部分。聖經所顯露的智慧，就在於它不否定黑暗的一面，而是原諒失敗、整合墜落，來實現它唯一承諾的完整生命，那也正是本書所要傳達的重點。

耶穌從不為罪人感到煩惱（確認這一點！），他只為那些不認為自己是罪人的人感到煩惱！耶穌完全接受這種生命的悲劇意識。他活在其中，並且從中復生。現在我個人深信，耶穌能在持續的失序中尋獲更高的秩序，這種能力正是他的訊息的核心——這也是真正的福音仍能治療、並且讓接觸它的一切都再生的原因，儘管這並不常見。

耶穌發現並指出，隱藏在所有矛盾之下的統一場（即安妮·迪勒在本章開頭引述的段落中所提到的），如果我們沒有找到那個統一場，沒有找到「我們對於彼此以及共處的生命那錯雜而難以解釋的關切」或是佛教徒所稱的大慈悲（Great Compassion），我們就無法療癒生命中的無常與矛盾了。**宗教永遠在談如何讓你回到、向下去到統一場，無論如何，那就是你的起點。**

重要的轉變

在神聖的經濟結構中，恩典、罪惡和失敗都成為經驗本身的基礎金屬和原物料。可是大多數的組織化宗教通常充斥著一種人，他們是秩序與某種不實理想的狂熱份子，所以他們很少感到快樂或滿足。借用佛洛依德一個粗魯的說法：用不了多久時間，就會讓人變得固執而吹毛求疵，因為你不可能活得快樂，如果你的生活中總是充滿了有心理缺失的人、情緒不穩定的人、信錯宗教的信徒、急躁易怒的人、同性戀者，還有那些習俗、傳統都跟你完全不一樣的人，更別提那種直到近前我們都不怎麼喜愛的狂野天性了。組織性的宗教並不以包容或接受多元化而著稱。然而，正是多形態、多數、多元化組成了這個唯一的世界！我們怎麼能忽略、否認或者視而不見這個隨處可見的事實，實在讓人驚訝。

罪與救贖是互有關連的名詞。救贖並不是如我們的自我所希望的，完美地避開犯罪；事實上，**救贖是罪惡回頭，並為我們所用。**這就是聖潔之愛的偉大轉化能力。如果不是這樣的模式，百分之九十九點九的世界還有什麼希望可言？我們終將發現，引導我們遠離上主的那份熱情，也能夠引導我們回到神和真實自我的身邊。這就是我珍惜、並且教導「九型人格學」將近四十年的原因[2]。和許多其他的屬靈工具一樣，它展現了轉化性的真理。一旦你知道了自己的「罪」和你的天賦其實是一體的兩面，你就永遠不會忘記這點。它讓宗教不受到傲慢與否定的干擾。不相信九型人格真實性的人，是因為他們不明白或是從來沒有好好使用過它。

上主似乎想讓我們的愛「回頭」（在希臘文中稱之為 meta-noia，意即悔改），讓它發揮在真正的目標「大愛」上。所有較小的愛都不過是輔助輪，雖然它們本身也很好，但就只是輔助輪而已。許多新約中的治療故事，都相當明確地說明了這個訊息和模式。耶穌特別在「一個罪婦」說：「她那許多罪必得了赦免，否則她無法展現出如此大的愛。」（路加福音 7:47）看來，她許多嘗試去愛的失敗，成了她通往「如此大愛」的學校與踏腳石。

2 Rohr, Richard, The Enneagram: A Christian Perspective (New York: Crossroad, 1999). 四十年來，我運用這種對人類行為動機與解釋的工具，這個經驗讓我深信，這是為了協助我們在靈命旅程的指令上，而被發掘、修正的工具。它清楚地點出你的「罪惡」和天賦其實是一體的兩面，你無法在忽視其一的同時，完全面對另外一面。這個工具改變許多人的生命。

我們神職人員讓自己陷入「管理罪惡」而非「轉化罪惡」的工作中。我們這樣教導人們：「如果你不完美，那麼你**必然是哪裡做錯了**。」我們怪罪受害者、對受害者缺乏同情心，一方面卻又膽敢去膜拜上主的受害形象。我們的錯誤更應該受到憐憫和治療，而非痛恨、否認，或是完全地避開。我不認為在你已經學到你的罪帶來的教訓之前，應該將它揚棄。否則，它只會換種形式再度出現，如耶穌說「邪魔」回到「已打掃清潔，裝飾整齊」的屋裡，然後他勇敢而正確地說：「那人末後的處境，比先前就更壞了。」（路加福音 11:24-26）

你可以說，種族主義、奴隸制度、性別歧視、十字軍東征、宗教裁判所、兩次世界大戰，這一切都來自於歐洲的基督徒，並且為他們所容許。這其實是我們對自己及彼此的幻滅與厭惡的駭人展現——當我們無法完成我們被要求的，讓這個世界變得正直、完美而有秩序的時候。如果我們無法愛自己和自然世界的不完美，又怎麼能搭起橋樑通往猶太教徒、回教徒、有色人種、女人、罪人，甚或是其它基督徒呢？沒有人能符合我們早已決定的「秩序」。在我們追求殖民全世界和地球的過程中，我們必須殺戮、強迫、囚禁、折磨還有奴役。我們沒有背負起生命的悲劇意識的十字架，反而成為將悲劇加諸於別人身上的專家。請原諒我的憤怒，但是我們必須說出來。

哲學家和社會工程師承諾我們各式各樣的烏托邦，其中不留任何犯錯的空間，但是猶太經典充滿著命運、失敗、罪惡、恩典的故事，**幾乎沒有提供任何明顯、永遠正確的哲學或神學的結論**。[3]梅瑟五書（摩西五經），也就是聖經的前五書，至少是四種不同來源與神學的合體（雅威典、依羅音典、申命記法典、司祭本）。我們的〈瑪竇福音〉（馬太福音）、〈馬爾谷福音〉（馬可福音）、〈路加福音〉和〈若望福音〉（約翰福音）對於耶穌的生命有四種不同且經常衝突的版本。儘管我們想要假裝，但是其實並沒有一個明確關於神、耶穌神學或歷史的呈現。我唯一能找到的持續模式，是聖經中所有的經書似乎都同意，**無論如何，神就是與我們同在，我們並不孤獨**。上主與耶穌唯一的工作，就是不斷地將那些糟糕的交易重新修復。

很反諷的是，從宏觀的角度來看，生命的悲劇意識其實一點都不悲情。生活在深沉的時間裡，和過去、未來結合在一起，這讓我們準備好面對必要的苦難，不至於對

3 Brueggemann, Walter, Theology of the Old Testament (Minneapolis, Minn.: Fortress Press, 1999), 61f. 依Brueggemann和Raineir Albertz兩位教授所言：以色列的宗教以及經文，皆為多元化。

自己的失敗與失落感到絕望，而且很諷刺地提供了我們超越的途徑。我們不過是加入一場人性大遊行而已，有人走在我們前頭，有人跟在我們後面。

所謂生命的悲劇意識，並非不信、悲觀、認命或是犬儒，而是一種**終極**、**讓人謙卑的現實主義**，並且基於某些原因，要對幾乎一切的事物都懷有大量的寬容。「信心」就是簡單地信賴現實，相信能在其中見到神——即便是在我們能改變現實之前。這或許就是我們最大的絆腳石，也是我們為了保有人類的心與開放的靈魂以接納更多未知事物時，所必須付出的代價。

第五章

被絆腳石絆倒

他將是以色列兩家的絆腳石和失足的暗礁，是耶路撒冷居民的羅網和陷阱。

——〈依撒意亞〉（以賽亞書）8:14

我們寧可被毀也不要改變。我們寧可死於自己的恐懼也不願超越現在，或讓我們的幻覺死亡。

——奧登（W. H. Auden）

如果你正走在某種「靈性日程表」上，那麼遲早會有某些事件、某些人、某些死亡、想法、關係進入你的生命中，而你無法運用你目前的技能、擁有的知識或是堅強的意志去處理。就靈命上而言，你將會、也一定會被引導到你個人資源的邊緣。在那時候，你將會被一個必要的絆腳石狠狠地絆倒，如〈依撒意亞〉所說。用我們現今的話來說，你必須在某方面「失敗」。這是生命／命運／上主／恩典／奧秘能**讓你改變的唯一方法**，讓你放棄以自我為中心的想法，走上更遠、更寬闊的旅程。我希望我可以說「這不是真的」，但是在全世界的靈性書寫中，這幾乎是絕對的正確。

沒有什麼實際或無法抗拒的理由，可以讓我們離開目前生命的舒適圈。你何必這麼做或想這麼做？坦白說，除非不得不，我們都不願意。這項邀約可能必須出乎意料，而且不請自來。如果我們自己去追求靈性的英雄主義，那只是舊的自我換個名字回來而已，將不會有任何真正的改變，只有偽裝。那不過是根據我們自己設定條件的虛假「自我改善」而已。

任何想去設計或計劃你的「啟發」的企圖，都注定失敗，因為那是由你的自我所推動。你會看見自己決定要追求的，而看不見你還沒準備好、或是被告知應該去看的。所以，失敗和羞辱可以迫使你去看你過去絕不會看的地方。多麼地玄妙！任何自我成長的課程（如果本書也算的話，那它也包括其中）只能教導你去「看」，真正能夠幫助你的，唯有生命本身。「神偽裝成你的生命，進入你。」吾友寶拉．達西（Paula D’ Arcy）睿智地說。

因此，我很抱歉地說，我們**必須**被絆倒、摔倒，而不是像你現在所做的，只是閱讀關於摔倒而已。我們必須真正地暫時離開駕駛座，否則我們永遠學不會要如何**放棄控制**，將控制權讓給**「真正的引導」**。這是必要的模式。這種摔落就是我所說的「必要的苦難」，我會在下一章中詳細描述。保祿（保羅）在大馬士革路上摔倒並聽到聲音說：「你為何向刺錐踢去？那只會傷了自己。」（宗徒大事錄／使徒行傳 26:14）正是戲劇化的呈現。刺錐或趕牛刺都是鼓勵我們冒進和不必要的抗拒的象徵，只會更進一步地傷害我們而已。

看來在靈性的世界中，我們無法真正地找到任何東西，除非我們先經歷了失去、忽略、錯過、渴慕、選擇，然後在新的層次上，親自再將之尋獲。耶穌說過三個關於失去的比喻，都是付出某種努力再次去尋找，然後尋獲，然後在事後大肆慶祝。在

〈路加福音〉第十五章中，一頭羊、一塊錢和一個兒子都失而復得，隨之而來的是一種新的「體認」（當某物真正地屬於你）以及因為這個新體認而展開的內在歡慶。奧德修斯從特洛依回家的路上，每一個遭遇幾乎都是某種失落——失去了部屬、掌控、權力、時間、記憶、名聲以及船隻。我很抱歉要再說一次，墜落、失落、失敗、逾越、罪惡都是一種模式，但它們全部都是**引領回家的路**。

到了最後，我們其實並不是重新擁有過去失去的，而是透過這整個過程，發現了一個重要而嶄新的自我。在我們走到目前人生計劃的極限、發現它的不足之前，我們將不會向外搜尋，去尋獲真正的源頭、深井，或是持續湧流的河——戒酒無名會稱之為更高的能量；而耶穌對那名不斷汲水的婦女說，這終極源頭為井底的「活水」（若望／約翰福音 4:10-14）。

如果我們誠實以對，**在我們的生命中至少有一個狀況，是自己無法修補、控制、解釋、改變，甚或是理解的**。對耶穌與他的追隨者而言，被釘在十字架上就是這個必要而荒謬的絆腳石最戲劇化的象徵。然而基本上，對這種必要的苦難，我們並沒有明確的神學理論。許多基督徒甚至將十字架當成機械化的「替代贖罪理論」以符合他們以牙還牙的世界觀，而不是像耶穌那樣承受內在的悲劇。他們仍舊想要某種秩序與理性，而不是廣大無邊的意義和精神的洞見[1]。

我們就像聖保祿和那隻牛一樣，大多數人仍然是「向刺錐踢去」，而不是傾聽、並從日常生活裡的刺錐身上學習。很多閱讀這些段落的基督徒，仍舊無法理解刺錐其實是必須、甚至是好的。苦難並不能機械化地解決任何問題，比起來，它更能解決我們對自己造成的持續性問題。

以這點而言，佛教的觀察比基督宗教來得更透徹。基督宗教甚至企圖將耶穌的受難，變成神解決某種無限大的問題（而且這問題一開始就是神創造出來的）！十字架解決我們問題的方式，是先揭露我們真正的問題——我們普遍的做法卻是犧牲別人、讓別人當替罪羔羊。十字架永久地暴露出「我們的犯罪現場」。

在奧德修斯的故事以及其他的世界神話中，失落與羞辱的主題不斷地以不同的方式呈現：惡龍、海怪、腹背受敵、囚禁、瘟疫或疾病、墜入地獄、海妖、暴風雨、黑暗、船難、忘卻勞苦、失怙、無家可歸、流落孤島、失明，還有常見的貧困與拮据、無能為力的狀態。

有時候看起來，世界上有一半以上的童話都是灰姑娘、醜小鴨或是貧窮男孩的故事，訴說著某個沒有權力或財產的小人物，最後變成國王或皇后、王子或公主。我們認為那是幻想而嗤之以鼻，但那其實是建立在偽裝或失憶、失落然後尋獲的基本模式。在遇到王子之前，每個美人都在沉睡；那隻小鴨必然是「醜的」，否則就沒有故事可言；流浪的騎士必定是受傷的，否則他永遠不可能明白什麼是聖杯，更別說去尋找了。耶穌必須被釘上十字架，否則就沒有復生。這些都寫在我們的文字中，但是只有靈魂才聽得見。到了自我的層面上，這些通常會遭到抗拒和反對。

我的屬靈之父聖方濟在他的遺囑中說到，當他親吻痲瘋患者時，「之前對我是噁心的，此刻變為生命的甘美」。他將那一刻標記為他的轉化點，以及他「離世」的時刻。舊的遊戲規則無法繼續下去了。那是他嘗到自己的不足，轉而開始從一個不同以往、更大、更充足的源頭去擷取的決定性時刻。這讓他成為經典的基督宗教聖徒。痲

1 Rohr, Richard, Things Hidden: Scripture as Spirituality (Cincinnati, Ohio: St. Anthony Messenger Press), 195f.
對方濟會而言，耶穌不需要改變神對人類的看法，他是來改變人對神的看法。我們的神是來自永恆宇宙的基督，他在十字架上揭露了神永恆的愛，但是神愛我們並不需要任何回報。

瘋病患就是他的刺錐，他學著不要去反抗，而要去親吻。這就是那個模式，就如你有時會聽到重獲新生的成癮者，為了自己過去的酗酒、賭博或暴力而感謝神。他們不約而同地說，那是很大的代價，但是除此之外，沒有任何方法能夠毀去他們虛假的自我，釋放他們去愛。

我只想到過去十四年來，我在新墨西哥州的監獄擔任神父時所遇到的男男女女。沒有人教導過他們該有的衝動控制以及延緩滿足，這些都是好父母應該做的事。因為不良的身分認知、脆弱的限制，以及鮮少擁有內化的尊嚴，他們讓自己被摧毀，然後再去摧毀別人——透過藥物、濫交、成癮的病態人際關係、酒精、暴力或是迫害。然後，強加在他們身上的殘酷監獄秩序，那原本應該是重新教養他們的課程，但是現在，因為他們內心所有的瘡疤，以及他們對所有權威和對自己的憤恨，這些教導都很難學習到了。

如果你沒有好好地完成生命第一階段的任務，你可能沒有從絆腳石上爬起來的能力。你可能就挫敗地倒在地上，或者把時間浪費在與刺錐對抗上。正如羅伯・摩爾博士（Dr. Robert Moore）睿智的說法，沒有什麼擊敗你「幼稚的自大」[2]。在現今普遍缺乏生命悲劇意識的城市與西方文明中，我們相信一切都是向上、向前——而且靠我們自己就行了。或許對少部分人而言確實可行，但是對我們而言，那沒有長遠性，因為那不是真的。基本上這是個輸／贏的遊戲，而有越來越多的人發現，自己是輸的那一方。如果福音真的是福音（好消息），那麼結果應該是雙贏，一個上主與我們雙方的偉大勝利。

幾乎我們所有人，都成為這種不斷發生的「希臘悲劇的傲慢」的受害者。有些人表面上看來已抵達了巔峰，但他們通常很少認可被自己踩著往上爬的肩膀、許多讓他們藉以登峰的犧牲，還有他們踩著前進的屍體。有些登峰者則是聰明地發現，上面沒什麼東西可以維持長久、或是讓人滿足。太多人只停留在他們生命的底層，試圖以各式各樣無效又自我打擊的方式，過度地補償自己。

我相信，許多美國南方的奴隸主都是「白手起家」的人，他們或許一輩子都沒有面對過無法「成功」的情況。他們是如此地拒絕失敗，這讓他們無法意識、同情、甚

2 Moor, Robert, Facing the Dragon (Wilmette, Ill.: Chiron, 2003), 68f.

至擁有最基本的人類同情心。他們為成功所付出的代價，就是無法允許、加入或享受「群眾的舞蹈」。如耶穌所說，他們「贏得了世界，輸掉了靈魂」。他們跳著自己的生存之舞，卻從來沒跳過神聖之舞——那把每一個人都囊括在內的舞蹈。因為，如果那是神聖之舞，也必然會是大眾之舞。

第六章

必要的苦難

誰若願意救自己的性命，必要喪失性命；但誰若為我的原故，喪失自己的性命，必要獲得性命。人縱然賺得了全世界，卻賠上了自己的靈魂，為他有什麼益處？或者，人還能拿什麼作為自己靈魂的代價？

——〈瑪竇福音〉（馬太福音）16:25-26

如果誰來就我，而不惱恨自己的父親、母親、妻子、兒女、兄弟、姊妹，甚至自己的性命，不能做我的門徒。

——〈路加福音〉14:26

榮格說，世界上有太多不必要的苦難，是因為人們不接受來自身為人的「合理的苦難」。事實上他說，神經質的行為通常是拒絕合理苦難的後果！諷刺的是，像這樣拒絕接受身為人而必有的痛苦，長期下來，將帶給人十倍的苦痛。所以毫不意外地，在男性成年儀式中最不受歡迎的訊息，就是「人生艱難」。當你否認這一點的時候，就是與自己為敵。

首先讓我解釋一下，為什麼我要用耶穌這兩段令人難解的話語，來展開關於必要苦難的這一章。我必須從我出身的天主教會關係開始談起（我假設你知道我當了四十年的神父和將近五十年的方濟會修士），因為在許多方面，都是教會教導了我（完全在它的計畫外）關於必要苦難的訊息。教會作為文字訊息的傳遞者，然後是儲藏槽，最後是活生生的必要（有時不必要）苦難的鎔金堝，以此教導我。

鎔金堝是承裝熔解金屬以純化與淨化它的容器。教會成員的條件、教條還有道德力量，幾乎都讓我們的內在逼近燃點，讓你被迫更深層地去面對重要課題，來以天主教徒或基督教徒、甚或是以人的身分繼續活下去。我想，這點對任何有在做該做之事的宗教團體而言，都是一樣。**真理在「解放你」之前，會先讓你痛苦萬分**。

耶穌身為基督宗教真理的代言人，是開啟我、塑造我、顫動我的世界觀，雖然有時他領我走上的歧途讓我批評組織化的基督宗教。在某些方面，教會完全是該有的模樣，因為我是透過基督宗教的經文、聖徒、來源，從組織宗教內提出批判，而非單僅從文化、不信或是理性的要求。對我而言，這是對任何事提出有效批判的唯一方式。你必須從內解開屬靈的事，而非在外面扔石頭——這太容易、也太自大了。

最後我發現，自己處身於基督宗教本質的張力中。相信對我和許多人而言，天主教教義是**鎔金堝**，也因此是**統一場**。這就是為什麼一旦理解它那具體而內在的奧秘世界觀後，就很難脫離天主教徒身分的原因。在此，我以愛因斯坦的統一場論（unified field）來形容他所假設的那個由原始力量、原則、原子，將所有空間與時間都結合在一起的單一、完整的宇宙。愛因斯坦說他一輩子都在尋找這個統一場。

雖然教會的願景通常有時間的侷限，文字也非常隱晦（如果你不使用我們的話語、定義，許多天主教徒根本不知道要怎麼跟你對話），我仍舊覺得宏觀的天主教主義往往就如字面所顯示——非常地「天主教」（catholic，意為廣泛的、包容的），而且包容了一切，包括頭、心、軀體、靈魂還有歷史。儘管它有所不足，天主教的世界觀（注意，我並非指羅馬教廷的世界觀）仍然毫不意外地繼續誕生出德日進（Teilhard de Chardins）、德雷莎修女、牟敦、史特茵（Edith Stein）、凱薩·查維斯（Cesar Chavezes）、前菲律賓總統柯拉蓉·艾奎諾（Cory Aquinos）、前愛爾蘭總統瑪莉·羅賓森（Mary Robinson）、威廉斯主教（Rowan Williams）、圖圖大主教，還有朵洛絲·黛[1]。我喜歡稱之為「重生的奧祕主義」。你一旦明白，就沒有回頭路了，因為沒有什麼能與之相比。

對我而言，教會仍舊是一座轉化的鍋爐，透過一切的黑暗面與光明面將我留下來，並且教導我非二元化的思考方式，讓我得以生存。它也讓我知道，不論是我還是教會本身，其實都沒有真正地為福音而活——至少沒有做到真正改變自己現下的生活方式！這是一個多麼重大的訊息。拒絕離開以及否認現實，讓我經常和自己陰暗的自我連結在一起，也更加忍耐教會顯而易見的陰影。我在其它每一個團體中也見到一樣的模式，如此看來，我的根據地和其他地方一樣能讓我學習對抗陰影，但比起其他

1 譯注：朵洛絲·黛（Dorothy Day），美國女記者、社會運動人士，是天主教工人運動的創辦人之一。

大多數地方，我在這裡學得更好。在其中，嚴格的知識、社會良知（至少在書面上）還有奧秘的想像，都任我擷取。唯有當它指向超越其本身之外的「唯一的奧秘」時，天主教組織才是「唯一的教會」，也同時是「人類解放」與「神聖結合」的訓練場。許多其他的宗教團體也做一樣的事，有時候還做得更好。

一切受造之物都一同歎息

大自然的萬物早已「相信」福音，而過著死亡與復生的生命模式——即使它們自己並不知覺。自然世界「相信」必要的苦難是生命週期的一部分：只要觀察太陽每天升起落下讓這行星上的萬物得以生存、所有季節的變化、隨著季節變化而生的樹木和植物，以及充滿了獵食與被獵食動物的暴力世界，就能看出個中道理。我養的那隻甜美的黑色拉不拉多犬維納斯，今天就獵殺了一隻小土播鼠，牠滿心期待著讚美，將獵物帶來給我。當我覺得這很可怕的時候，她怎麼會覺得很棒呢？當她看到我的眼神，就失望地把土播鼠扔了。唯有人類會想從這個默契的模式以及生與死之舞當中缺席。當我想變得完全理性和「先進」時，維納斯的作為就會是純然的災難。

毫無疑問地，必要的苦難每天都在進行。當我在亞利桑納的沙漠中書寫這段文字時，才剛讀到巨型仙人掌所產生的兩百五十萬顆種子裡，只有一顆能長到接近成熟，要長得更大的機率就更小了。在大自然中，絕大多數都接受重大損失、大量匱乏、大滅絕還有短暫的生命來作為生命的代價。感受其中的悲傷、甚或是它的荒謬，諷刺性地將我拉入普世之舞、統一場，以及對神的深刻感激之中——對於祂原本不必要、卻仍然如此大方無償的賜予，我抱著深切的感激之情。所有的美都是無償的賜予。所以當這份美被帶走的時候，我們又能怪誰呢？而恩典，似乎就是一切的基礎。

以詩人才做得到的方式，霍金斯巧妙地點出這種在美妙與可怖之間的創造性張力。他為詩作所下的冗長標題，更顯示出他接受了赫拉克里特（Heraclites）不斷改變的流動，以及對最終結局的信賴：《自然是赫拉克里特之火與重生的安慰》（*That Nature is a Heraclitean Fire and of the Comfort of the Resurrection*）

肉身衰退，凡俗廢物
淪落於殘餘蠕蟲；世界的野火，只留下灰燼：

在閃光之間、號角雷鳴中，
我即耶穌，因他即我，而
這個張三、笑話、破瓦、碎布、柴火、不朽的鑽石
即是不朽的鑽石。2

俗世的體現與神格化的和解，正是我所謂的**肉體化的奧秘**（incarnational mysticism）。如同之前多次提到的，所有的文學和詩只有兩個主題：愛與死。唯有有限、會消逝之物，其價值及欣賞才會與日增長。這是靈性版本的供需法則。他們說，如果我們不會死，就永遠不可能認真地看待生命或明白愛的真諦。我想這很可能是事實。被長時間而艱苦地固定在限制、張力和肉身的時刻中——一場嚴酷的考驗——能促使我們去尋找、發現「調合的第三類」（reconciling third）以及隱藏在一切之下的統一場。德日進最喜歡這麼說：「最個人的變成最普世的。」

現實、萬物與大自然——我稱之為「耶穌的第一個軀體」，它在面對必要的苦難時沒有選擇，對這樣的訊息不會說「是」或「不是」。它樂於維繫、調合一切的力

量，包括所有在它之內的基本原則和分子。這是完整的宇宙，是「偉大存在之巢」，就連那些只擁有了一點點自由與可能性的弱小、隱形和脆弱的部分，都囊括其中。「耶穌的第二個軀體」則是正式的教會，它有說「是」與「不是」的自由。就是這種自由，讓它大多時刻都說「不是」，尤其是對於任何關於死亡、跌倒、承認錯誤或是向下墜落的討論。這在近期關於教會的財務和性醜聞中，其實可以看得非常清楚。即便如此，上主似乎已經準備好也樂意去等待，等待一個由祂所授權、出於自由意志、自願的「是」。**唯有在自由的領域中，愛才會產生**。

但是，我明白自己也想逃避這每日的死亡。教會對我而言，是個廣泛教育，並且可以體驗到熱情、死亡與重生的所在，它強力推動我深入一個地方，讓我經歷這些。教會與方濟會提供了我一個可以對自己的信念負責的群體，而我認為，如果我想要長期誠信地生活下去，這一點是必須的。達賴喇嘛和德雷莎修女也說過相同的話。

許多年來，教會給予我方法和耐心，容忍我去試著填滿派克·帕瑪（Parker

2 Hopkins, Gerard Manley, "That Nature is a Heraclitean Fire and the Comfort of the Resurrection," Poems and Prose (New York: Peguin, 1984), 65f.

Palmer）所說的「悲劇的缺口」。教會的常規以及柏拉圖式的看法，**為每一個有思考才智與跳動之心的人，創造了悲劇的缺口**。但是要記住，就算只是一點點上主，都太值得我們去愛；就算只是一點點的真理和愛，都能夠永續長存。而教會給我的，遠不只一點點。和所有受侷限的家長一樣，它已經是個「夠好的」教會了，也因此，它教會了我如何看見每個地方的美好，即使是在其他侷限的狀況下——如雅士培所說。但是到最後，這一切就如耶穌對富有的年輕人所說：「唯有神是善美的。」

所以，教會不但是我最大的知識與道德的課題，也是最撫慰我的家。她同時是可悲的娼婦和再嫁的新娘。和這樣的新娘在一起，仍然可以有美妙的婚姻；而許多娼婦在特殊情況下，也可以變成新娘。明確而實際地說，當我們限制、毀損、試著去掌控向來過於龐大的訊息時，教會就是耶穌被釘上的第一座十字架。因為無能力接受完整的耶穌，所有教會似乎都一再地將他釘上十字架，但是他們也經常讓他重生。毫無疑問地，我也是這普世教會中具體而微的一種顯現。

教會從來不曾迫害我，也不曾以任何方式限制我，讓人驚訝的是情況正好相反。或許這就是我之所以能夠這樣不帶仇怨或成見地發言的原因。她擁抱我，但是有點距離地擁抱，不過也足夠了。對我而言，正規的教會一向是不甘不願的新娘，而方濟修士就好多了。福音本身則是我完整的婚姻伴侶，她總是告訴我真話，**透過各種事物愛我**，直到我抵達那個嶄新、善美、更寬廣之處。

於是，對於那些質疑我為何要引述那麼多耶穌話語的人，我在此提出個人的辯解。你可能會問：「真的有那麼重要嗎？」或「難道一定得在聖經中才是真理嗎？」我之所以引述耶穌，是因為我仍然認為他是西方世界的靈性權威，不管我們是否追隨他。當我們憑著他個人爆炸性的來龍去脈來理解他時，他總是在較深的層面上一針見血。你無須相信他的神格就可以明白，耶穌看到的層面遠超出我們大多數人。

對於有些人，引述耶穌是你們唯一可能相信我的方式。對另一些人而言，這或許讓你們有更多的理由不信任我，但是我必須接受這兩種風險。如果我膽敢將所有這些都當作自己的見解，只因為它們符合現代心理學或古老神話，那我就是不誠實。對我而言，耶穌總能歸結論述，有時候連我都懷疑自己為何不一開始就聽他的話。

毫無意外地，現代心理學、人類學和組織行為的許多發現，提供了我們許多視野和詞彙來檢視耶穌超凡的訊息。正如你所見，我喜歡運用這許多工具。讓我們來看看下面這個案例，關於一個看似完全不必要的苦難，而我如果不是用現代心理學和行為科學的發現來說明的話，很多人根本聽不下去。

「惱恨」家庭

在這個標題下，我要談的就是本章一開始最具爭議性的那兩段引文。在其中，耶穌談到「離開」或甚至是「惱恨」母親、父親、姊妹、兄弟還有家庭。我們心裡所有的聲音可能都在說：「他不是這個意思！」但是，如果你要說的，是進入我們即將前往的人生第二階段，那麼，他其實是勇敢而正確地在指引我們。

首先你必須要注意到，他確實推翻了梅瑟（摩西）的第四條戒律：要求我們「應孝敬你的父親和你的母親」。這條誡命適用於生命的第一階段，如果你希望第一階段可以延續到永遠，那它更是必要。可是，當我們進入生命的第二階段時，往往會和我們原生家庭和文化中的「主流意識」起衝突。這一點遠比我原本想像的更加真實。許多人避開成熟的宗教，是因為他們對第一階段生命的家庭具有虔誠、不成熟而僵化的期待。就連耶穌也親身面對過這樣的兩難，他的家人都覺得「他瘋了！」（馬爾谷／

馬可福音 3:21）傳道者冒著將「瘋」和耶穌連結在一起的風險，只為了要讓我們看到，耶穌是如何地不遵循他的文化、宗教所期待的那條路走。

對抗第二段旅程的重大阻礙之一，就是我們現在所謂的「集體」，也就是群眾、我們的社會，或是我們的延伸家庭。有些人稱之為「螃蟹桶症候群」——你嘗試要爬出來，但是其他的螃蟹卻不斷地把你扯回去。對於絕大多數人而言，所謂的道德或是屬靈，就是**大家成長過程中的想法**。有些人會稱之為「制約」或「銘記」。那缺乏真正的內在運作，大多數人一輩子都無法超越它。你可能會透過對它的回應與叛逆，以負面的方式來超越，但是很少看到有人以正面的方式脫離螃蟹桶。這就是我們在此的目的。耶穌用很激烈的語言，要把我們推出家庭的窩巢，並且在最個人、最違反直覺、最感傷的層次上，點出了必要的苦難。

我們需要很強大的推力、許多的自我懷疑、某種程度的分離感，才能讓人在父母對自己的期待以外，去尋求自己的靈魂和命運。要超越自己的原生家庭、當地教會、文化以及國旗、國家，這條路我們很少積極去走，也很少堅持走下去。因為拉扯力太大了，忠誠的士兵讓我們內在充滿了足夠的罪惡感和自我懷疑，而這一切都如先前所說，聽起來很像是上主的聲音。

所以耶穌毫不囉嗦，直接說你**必須**以某種形式「**惱恨**」你的家，然後超越它。我很高興他這麼說了，否則我永遠不可能相信這會是真的。心理治療師要花上許多年時間才能達到同樣的效果，然後重新建立適當的界線，隔離製造創傷的父母以及早期的權威，並且療癒被傷害之人心中那些**不當的羞恥**。我們必須離家去尋找那個真實而更廣大的家，這件事重要到我們將用整個下一章來說明。一個人的核心家庭，往往是世界家庭和追尋成熟靈性的敵人。

或許你從來沒注意到，偉大的宗教導師及創始者都一樣地離開家，前往遙遠的地方去朝聖、進行重大的轉折、選擇向下移動；你可能也沒注意過，他們的父母、當時穩固的宗教、屬靈權威還有政府權威人士，都經常和他們對立。讀一讀印度教聖者、佛陀、阿育王、亞巴郎（亞伯蘭）、約瑟、梅瑟、耶穌、蘇菲聖者、聖方濟、格雷夫斯、喀帕多西亞（Cappadocia）、阿索斯山（Mt. Athos）和俄羅斯的許多隱士和朝聖者，你就會看到這種模式非常地普遍。比起我們那種「出門時千萬別忘了它」的心態，這些靈修大師的座右銘似乎是「**離家去找它！**」當然，他們所著重的，從來不只是實體的家，而是所有驗證、安全、妄想、偏見、狹隘——還有傷害——所有家和家庭所暗指的一切。

當然，要誠實而一致地看待的話，就必須要問「教會家庭」是否也算是一種家庭，是否也必須終將以相同方式「惱恨」，這同時牽引出和惱恨原生家庭一樣的震驚（我們會在後面章節中，置於「新興基督宗教」的條目下討論）。

我鼓勵你重讀本章最前面的題詞。從現在的標準來看，它們相當地強烈，幾乎可說是直言不諱；但是它們也明確地指出了不可避免的必要苦難——耶穌稱之為「喪失自己的性命」，或說是喪失了我和其他人所稱的「虛偽自我」。你的「虛偽的自我」，是你的角色、頭銜，和大多是由你的想法與附屬品所創造出來的自我形象。**它將會死，也必須死，端賴你有多想要真實的自我**。「為了真實的自我，你願意脫去多少虛偽的自我？」這是個永不停息的疑問[3]。這種必要的苦難永遠像是死亡，這也是好的

3 Merton, Thomas, *New Seeds of Contemplation* (New York: New Directions, 1962) 散見各處。牟敦對於真實的自我和虛假的自我的描述，已成為當代靈修的基礎，並且澄清了許多人對於根據耶穌那應該要「死亡」以及能永生的自我認知。

精神導師會很誠實地告訴你的話（戒酒無名會在這方面成功極了！）。如果你的靈性引導者不跟你談死亡，那他們根本就不是好的靈性引導者！

在神的心目中，你真實的自我就是你客觀的原點，是禪宗所說的「你誕生前的面孔」。那是你實質的自我，是你無法透過任何技巧、團體認同、道德，或是無論什麼樣的公式而能夠增減的絕對身分。放棄我們往往以為是絕對、但其實是相對的虛偽自我，就是我們在尋找那顆隱藏在美好卻易逝的軀殼中的「貴重珍珠」時，必定要經歷的「必要的苦難」。

第七章 家與思鄉

老人應是探險者，
無所謂在此與他處。
我們應仍在、仍在移動，
進入另一種激情、
更深層的交流。

——艾略特（T. S. Eliot）《東科克》(*East Coker*)

於是，現在我們朝著目標移動，朝著人生的目的移動，朝著艾略特所說的「另一種激情、更深層的交流」移動，那才是我們生命的容器注定要承載、維繫和培育的。不再是用手指著月亮，而是月亮本身——現在還包括了月亮的陰暗面。第二階段生命的完整和內在自由，似乎是希臘詩人荷馬所無法描述的。或許，他也還沒有抵達那個境界，或許他太年輕了；然而，他卻直覺地感受到那個召喚和其必要性。

或許對荷馬而言，那太「陰暗、隱秘」了，但是他確實指出了一段更遙遠的旅程，而唯有那段旅程，才是真正、最終的回家之旅。神聖故事的目的地，總是要回家——在它終於讓主角離家之後！矛盾嗎？沒錯，但是現在「家」具有嶄新、過去想像不到的意義。一如之前說過的，它**超越**、**但囊括**了我們對於家的最初經驗。

「家」的原型概念同時有兩種不同的方向。一個指向過去，從我們在母親體內就開始的原始暗示和感受。我們都來自於某個家庭，就算是個很糟糕的家也一樣，那個家為我們種下了未來可能性和理想天堂的基礎的種子。另一個概念指向前方，督促著我們去領悟「暗示和感受的結合」確實存在，像個內在羅盤或「返航」裝置般地引導著我們。在荷馬的《奧德賽》中，啟程的家與歸鄉的家——綺色佳——正是旅途的開端與終點。說話言簡意賅的榮格，提供了以下的重大觀點：「生命是在兩個、但其實又是一體的偉大奧秘之間，一個明亮的暫停。[1]」其實，這正是我在此想說的。

有時候，結束就是開始，而開始則指向結束。我們都知道，就算是有著悲傷、受虐童年的孩子，都仍舊嚮往著某種理想化的「家」或「母親」，仍舊期待著以某種方式回去，或許只是希望這一回能把事情做對。這到底是怎麼一回事？我同意榮格的話，相信在開始的時候，一個偉大的奧秘就已經揭露了，然後不斷地召喚我們朝著完整的實踐前進。

絕大多數的人無法放棄這被植入一般的承諾。有些人稱之為他們靈魂的返航裝置，有些稱之為內在的聖神（聖靈），有些人甚至會稱之為懷舊或是夢想。我所知道的是，它絕對不容忽視。它召喚著我們同時回去與前進，到達我們的根本和未來。它就像是來自於我們內在的恩典，同時也來自於超乎我們之外的恩典。靈魂活在如此恆久、深沉的時間內，上主在我們體內植入了一個祂早已預備要給我們的渴求，這不是很合理嗎？我很確定這一點。

如果想要更加了解，就讓我們先來檢視一下，這個可以有效說明的詞語「思鄉」（homesickness）。這個詞語通常帶有一點悲傷或懷舊的意思，一種反覆地向後看、向前看以追求滿足的空洞感。但在這裡，我要用一種截然不同的方式來運用它，因為現在你已經準備好了。我要提出一點：我們都是被相同的力量帶領、牽引著，而那股力量，就是基督所說的：「我是『阿耳法』和『敖默加』，最初的和最末的。」（默示錄／啟示錄 22:13）看起來，我們就是被一種深沉的「思鄉」所推動、所召喚。這種與生俱來的渴求與不滿足，帶領、牽引著我們不斷向前；而這份渴求與不滿足，則是來自於我們與神最初、最極致的結合。過去的家與未來的家，看似不同，其實是同一個家、同一個召喚，以及對祂而言「千年如一日，一日如千年」（聖詠集／詩篇 90:4）的同一個上主。

在《奧德賽》中，以特洛伊的崩解和大多數希臘人無法回家，來象徵那種騷動的期盼和不足感。他們忘記了家鄉、在異鄉成家，或是沒那麼堅決地想要回家（這些在靈性旅程中，都是代表走到歧路或死路的典型！），只有奧德修斯嘗試不惜一切代

1 Jung, Carl G., The Collected Works of C. G. Jung, vol. 1, Psychiatric Studies (Princeton, N. J.: Princeton University Press, 1980), 483.

價地回家，他就是我們理當如此去做的典範。那些不想尋找回家之路的人，就像奧德修斯遇到的吃了落拓棗的人，他們不但忘記自我，也失去了自己的深度和意識。有人說，有九成的人是靠著定速巡航器[2]來度過他們百分之九十的人生，也就是說，他們基本上沒有意識可言。

如同許多奧秘者曾說過的，聖神就是上主從內部「秘密地」在「我們最深沉的渴求中」運作的那個面向。這就是為什麼奧秘的傳統最後只能透過微妙的暗喻，比如風、火、降臨的鴿子和流動的水來描述聖神的原因。如果我們願意的話，聖神維繫著我們的連結，讓我們安全地存在於現有的流動中。我們從來不曾「創造」或贏得聖神，當我們學習從最深沉的內在去擷取時，就會發現那是我們原本就有的內在。這純然的統一場一直是無償給予的，如迪勒所說。

我也想到赫塞的《荒野之狼》（*Steppenwolf*）中說道：「無人可引導我們。我們唯一的引導就是思鄉。」就連《綠野仙蹤》的桃樂絲，都是靠著她對家毫不間斷的愛與搜尋，才能被引導到奧茲國，然後再回到堪薩斯的農場。這也是這個故事能延續這麼久並充滿魅力的部分原因。在靈魂的層次上，我相信這些來源都是正確的。家，不過是我們聖神的另一個稱呼而已，是我們在神之中的「真正的自我」。**發現神在我們之中的那一刻，亦是我們發現自己在神之中的時刻**。根據聖女大德蘭所說，這就是完整的歸鄉。在那之前，我們會思鄉、想家——即使現在大多數人都會說那是寂寞、孤獨、渴望、悲傷、不安，甚或是某種憂鬱症。

聖神所在之處，也是我們的渴求之處，通常用這個語彙來形容——**靈魂**。我們一開始就已擁有靈魂，而不是靠著任何淨化的過程來獲取，也不是加入任何團體或是從主教手中就能獲得。從一開始，終點就已經植入在我們之中，然後不斷地啃嚙著我們，直到我們自主而神智清明地回到那裡。主教或聖餐所能做的，最多就是鼓動這股意識，讓它「熾燃起來」（弟茂德／提摩太後書 1:6），有時這確實奏效了；但是更多時候，**大愛與大苦難**才是我們迫切需要的火焰、更大的風扇。

好消息是，這一切都是**有指引**的，就像一個醫療的護慰者，一個內在羅盤——而他就住在我們每個人裡面，如廣告詞常說的「附在包裝內」，或是如聖經所說：「因

2 編注：定速巡航器（Cruise Control），是安裝在汽車中能夠自動控制車輛行駛速度的裝置。

為天主的愛，藉著所賜與我們的聖神，已傾注在我們心中了。」（羅馬書 5:5）在其他章節，我們也得到了這樣的承諾：「我必不留下你們為孤兒。」（若望／約翰福音 14:18）我們不會沒有母親或是家。這可能就是聖神通常被視作女性的許多原因之一。

聖神引導我們離家，前往在〈若望福音〉中被描述為「護慰者」的家（若望／約翰福音 14:16），聖靈會「教導」並且「提醒」我們，就像我們已經知道了一部分，但有時候仍需要一些內在的提醒或是鬧鐘來喚醒我們。聖神永遠是**全然地為了我們**，遠比我們自己還為我們著想。她為我們說話以對抗那些評斷和譴責的負面聲音，這帶給我們極大的希望——我們不必獨自肩負起生命的重擔，甚至也不必活得完美「無誤」。我們的生命將會像瑪利亞一樣，「成就於我」（路加福音 1:38）；雖然在另一個層面上我們也要付出，但是兩者皆對。

這奧秘被稱為「與上主合作」（conspiracy），那是在理解上主與靈魂之間所發生的互動時，最深刻的一種理解方式。真正的屬靈一直是兩者之間一種深刻的「協助」（羅馬書 8:28）；真正的屬靈是一種雙方都付出、都獲得的協力，以此創造出一個共享的真理與喜樂[3]。

古人很正確地將這種內在對完整的渴求，稱為「命運」、「命定」、「內在的聲音」或是「神的召喚」。它具有一種不可逃避性、權威性和決定性，而這幾乎是所有神話的核心。幾乎所有的英雄都聽到一個內在的聲音在對他們說話。事實上，他們之所以能有那些英雄作為，就在於他們能夠聽見那個聲音，並且願意冒險聽從那個聲音——無論是要去哪裡！可惜的是，這種內在的安慰，正是我們現今在每個層次上都欠缺的。我們現在的問題，就在於我們嚴重懷疑靈性的世界是否有任何真實性，也因此，我們聽不見改變生命的聲音——即使是許多上教堂、進廟宇或是清真寺的人都一樣。

對後現代的人們而言，宇宙缺乏神奇的奧秘和吸引力，這和古人大為不同。我們必須自己讓自己「著迷」，這讓我們覺得孤獨、困惑、充滿懷疑。沒有已存在的意義讓我們去發掘、享受，我們必須在這個無生命而空洞的世界中，自行創造所有的意

3 Christiansen, Michael, and Jeffery Wittung, Partakers of the Divine Nature (Madison, N.J.: Fairleigh Dickinson University, 2007). 對我而言，人的神聖化（或是說神化）即是基督訊息的核心意義，但是西方教會對此一直相當畏懼而且沒有進展。

義，而大多數人都做得不成功。當我們認為一切都得靠自己，活在這個寂寞而讓人頭暈目眩的時代中，就成了一種沉重的負擔。

不過，活在現今這個時代的贈禮，就是我們越來越發現，科學（尤其是物理學、天體物理學、人類學還有生物學）正逐漸肯定宗教中許多深刻的直觀，這在近幾年腳步更是快速。我們現在明白，宇宙確實是個「有性靈的物質」（inspirited matter），而不是無生命的。現在，我們可能稱之為直覺、演化、核子融合、DNA、晶片、主機板、療癒、成長或是春天時節，而自然就從內在明確、持續地更新自我。上主似乎將萬物造成可以持續創造、並且可以從他們自己內部再創造的物體。這不再是上主過去一度的創造或演化，而是上主創造的形式**就是演化**。終於，這個觀點使神得以**完整地重生**，而這應該是基督宗教從一開始就擁有的王牌才對！我們花了很久的時間才終於走到這一步，然而二元化思考的人，卻仍舊無法跳過這道障礙。

還記得奧德修斯所拿的槳被內陸旅人當作篩穀的鏟嗎？他的槳（或職業）已成為內在工作的工具，一種讓他可以明白麥子與穀糠、必要與非必要之間差異的方法，這正是我們在人生第二階段所面對的差別與微妙之處。荷馬給了我們多麼奇特卻又鮮明的象徵，說是它畫下了奧德修斯旅程的終點，一點都不奇怪！現在，他可以**回家**了，因為事實上，他已經回到他**真實而完整的自我**。他航行與划槳的日子，那「外在的表現」的日子已經結束了，現在他可以在簡單而更深刻的人生中休憩。他可以停止身為人的**作為**，終於可以享受作為人的**存在**。

由於重要的事物值得以不同的形式再三重覆，請容我在此概述我的想法。我要說的是：

一、我們與生俱來就有一種內在的推動力和必要性，讓我們去尋找真實的自我，無論我們是否明白。這是一段迂迴、絕非直線前進的旅程。

二、我們與生俱來就有一種內在的不安定，敦促著我們去追尋**生命第二階段**的冒險與承諾。我們每個人的內在都有著一個和神一般大小的空洞，等待著被填滿。神創造出的這份不滿足，唯有恩典和最終的神聖之愛才能將之滿足。

三、我們不敢用任何讓人麻痺的癮頭、轉移注意力的伎倆，或是空洞的娛樂，來填滿我們的靈魂與心智。比起一般被列為「罪」的項目，「膚淺」和「盲目」更接近邪惡的形體。上主將之隱藏，卻在一切的深處，甚至包括（或許尤其是）在我們墜落與失敗的深處被尋獲。罪惡會停留在事物的表面，甚至包括神聖的事物——如聖經、聖餐或是教會——的表面。

四、一旦我們進入任何事物的深處，就會撞上某種實在、「真實」、具有超越時間價值的東西。我們將會從「信仰」的套裝入門組合，轉移到一種**真正的、內在的理解**。如果我們曾經歷過以下三點，這一切將更加真實：1.深切愛過；2.伴隨某人度過死亡的奧秘；3.在奧秘、時間或美好之前，真誠地發出改變生命的讚嘆、敬畏。

五、這個具有「某種真實」的東西，就是世界上所有宗教在提到天堂、涅槃、極樂或是開悟時，所指的那樣東西。他們都沒錯，他們唯一的錯誤，是將這一切推入來世。**如果天堂是之後，那是因為它是所有現在的開端**。

六、這些情況，成為一種永恆的宣誓、保證、暗示，還有承諾。一旦你碰觸到真實，就會生出一種內在的主張：如果「真實」確實是真的，那必然是永恆的。你可以說這是癡人說夢，但是從有人類以來，這種主張已成為一種持續的直觀。當耶穌告訴撒瑪梨雅（撒馬利亞）婦人「將在她內成為湧到永生的水泉」（若望／約翰福音 4:14）時，就是承諾了這一點。換句話說，天堂／結合／愛，都是從我們的內在湧出，遠超過單純的信仰系統或任何的歸屬系統，那些大多仍停留在外在。

於是，像奧德修斯一樣，我們離開綺色佳，然後回到綺色佳。但是現在，綺色佳是完整的家了，因為一切都囊括其中，沒有浪費或是厭惡的；就連最黑暗的部分都為我們所用。一切都被原諒了。歸鄉還能是什麼其它的模樣?!一個鮮為人知的埃及詩人卡瓦非（C. P. Cavafy）在他的詩作《綺色佳》中，美麗地呈現出這種理解。雖然許多人都翻譯過這首詩，不過以下是我自己的翻譯：

綺色佳已給予你美麗的旅程。
沒有她，你將永不可能上路，
帶著旅途中獲得的偉大智慧，
現在，有那麼多已成為你的經驗，
你必然終將明白綺色佳真正的意義。

第八章

記憶缺失與宏觀全景

神從一開始就想要將一切完整地賦予人類，但是他們無法承受，因為他們仍然是孩子。

——聖依勒內（St. Irenaeus）《對抗異端》（*Against Heresies*）

是自然的整體，從開始到結束，成就了神的唯一相貌。

——聖額我略尼沙（St. Gregory of Nyssa）

《人的創造》（*On the Creation of Man*）

正如許多人以不同方式說過的，我們似乎都承受著錯誤自我身分認知的悲劇。生命，就是完整地、有意識地明白自己是誰——即使那個自己，是個我們並不太認識的自我。我們彷彿都得了某種嚴重的記憶缺失症，如前面幾章所提及的，有太多童話故事的主角都是貴族、皇族、國王、甚至是神的子女，但是他們卻不知道自己真正的身分，然後劇情就繞著這個發現打轉。他們必須成長，才能參透自己的真正身分。這種參透，正是這段旅途的目的。

宗教的任務，是引導我們走上追求真實自我的旅途，但是這通常造成一個問題，就是將它變為某種價值的競賽，一種個人的表現或是宗教成就——透過歸屬於某個正確的團體、實踐某種正確的儀式、或是相信某種正確的信念。這些只是將你拉離岸邊、進入正確海洋的拖船而已；它們是能讓你開始工作、參與奧秘的船槳，但是，不要將這些工具與你「有分於天主性體的能力」（伯多祿／彼得後書 1:4）混為一談。這是將媒體與訊息、風格與內容兩相混淆的常見悲劇性例子。

早期教會的領導人物，尤其是東正教的領導人，從來不在他們稱之為「theosis」——意即神格化——上妥協，這一點，從我前面引述的文字中即顯而易見。像這樣震撼性的文字[1]還有許多，但是它們只成了西方共同的記憶缺失症的一小段回憶。因為，對一個只看未來、成果至上、只論輸贏的世界觀來說，福音實在美好到令人無法置信。

對於我們真實自我的深刻理解，應當就如若望（約翰）所說的：「我給你們寫信，不是你們不明白真理，**而是因為你們明白真理**。」（若望／約翰一書 2:21）若非如此，他不可能擁有那樣的信心與權威，來書寫關於靈性的事宜。我也是一樣。我們都是從一個更大的源頭——統一場、共享的靈性——當中汲取。我指望你內在、深刻時間的**認知**，遠超過任何線性的**知覺**。我期待你也許已經注意到了。英國詩人渥滋華滋（Wordsworth）將這點說得甚為優美：

我們的誕生不過是場睡眠和遺忘：
那和我們一同升起的靈，我們生命的明星，
有其它的墜落點。
來自遠方：
不完全忘卻。

不全然赤裸，
我們拖曳著榮光的雲朵而來，
來自神，亦即我們的家：
自嬰兒時期天堂就環繞我們周圍！
囚牢的陰影開始聚攏，
在成長的男孩周遭，
但他看見那光以及其來處，
他在喜樂中見。[2]

僅僅是他的長詩中的那麼一小段，就足以讓教會頒給渥滋華滋一個榮譽博士！

---

1 Clement, Olivier, The Roots of Christian Mysticism: Texts from the Patristic Era with Commentary (London: New City, 2002). 這本值得一讀再讀、絕佳且深奧的書，揭露了西方教會對於東方教會和早期基督信仰的研究有多麼地少——如果有的話。

2 Wordsworth, William, “Intimations of Immortality from Recollections of Early Childhood,” Immortal Poems of the English Language (New York: Washington Square,.), 260f.

成熟的宗教總是努力要把你從虛假自我的囚牢中救出。在我之前已經有許多人說過，所謂的靈性，是忘記所學多過學習，因為「成長的男孩」通常會長成更大的幻影，而我們必須從幻影中解脫，才能讓他脫離牢獄、重獲自由，並且帶領他回到上主所在的開端。耶穌說：「你們若不變成如同小孩子一樣，決不能進天國。」（瑪竇／馬太福音 18:3）他的這段話，是用來回答門徒們一個自大又野心勃勃的問題：「究竟誰才是最大的？」

我有時候會想，我們是否會驚訝且失望於我們的信仰其實是「建立在宗徒的信心之上」——一如我們那麼光榮地高唱、宣稱的那般。他們很少抓到重點，而且看起來跟我們一樣的愚昧；但是上主仍舊使用他們，因為和我們一樣，他們也是孩子。我要確實地和大家分享這個不變的信念：在通往上主與真理的道路上，**我們全都是新手**，也永遠是新手。

「天堂」與「地獄」

許多傳統都把我們尋到、或是再次尋到與神的結合，稱為「天堂」，失去這種結合，則被稱為「地獄」。我們因為記憶缺失而造成的悲劇，即在於我們無法想像這兩個名詞其實與當下的經驗相關。**當你不知道自己是誰，等於是將所有開悟都推入未來報償與懲罰系統之中，而在其中，幾乎沒有人能夠勝利**。唯有真實的自我明白，天堂就在當下，而失去天堂——即是地獄——也在當下。虛偽的自我把宗教變成一種陳腐的「逃往下個世界的脫逃計畫」——我的朋友布萊恩．麥拉倫（Brian McLaren）這麼說。記憶缺失會帶來嚴重的後遺症。怪不得猶太人總是說「記住」。

一個找到他／她的真正自我的人，將學會活在宏觀之中，成為深刻時間和所有歷史的一部分。這種架構與場景的改變，被耶穌稱為活在「神的國度」裡，這確實是一個重大的轉變。當然，這需要我們放棄自己微小的王國，而我們通常是不願意這麼做的。生命就是**為了天堂作準備**，而我們的準備方式，就是在時間來臨之前——也可以在現在——自主地選擇結合。天堂是此時與未來的結合，**一如現在，屆時也將如此**。除非你自己想要，否則無人能身處天堂之中；一旦活在這種結合裡，每個人也都身處天堂。當他／她準備了足夠空間與神結合，並且無須排除時，就已經置身在天堂裡了。你可以包容神的空間越多，你的天堂就越大。

或許這就是耶穌說的「在我父的家裏，有許多住處」（若望／約翰福音 14:2）的意思。如果你獨自上天堂，包裹在自己的價值中，那麼從定義而言，你去的就**不是**天堂；如果你對天堂的概念是排除其它人，那麼從定義而言，那也**不是**天堂。你排除的越多，你的存在就越地獄、越孤獨。如果你知道你所愛的人不在那裡，或是在遭受永恆的折磨，怎麼會有人能享受這種「完美的快樂」呢？那是不可能的。記住我們基督徒的祈禱詞：「於地，如在天上一樣！」於此刻，如在那時；於此地，如在彼方。我們都會獲得我們想要並且祈求的。這一點，無可動搖。

如果你接受某個懲罰性概念的神，認為祂會懲罰或是永恆地折磨那些不愛祂的人，那麼你所擁有的，是個荒謬的宇宙，而且在這宇宙中，大多數人比神更有愛心！神不排拒任何人與祂結合，但是祂必須允許我們自己將自己排除在外，以維護我們的自由。我們為這種排拒賦予了一個名詞，就是「地獄」，而那必然是一種邏輯可以解釋的情況。如果一個人的自我排拒與神結合，或是選擇與團體分離、自認凌駕於愛之上，那也必然有著某種邏輯性的原因。沒有人會身處地獄之中，除非他／她選擇終極的孤獨和分離。所有的一切，**就在於慾望**。我們最深層的慾望，在允許、牽引著我們做這些事。我所關注的是，從來沒有任何官方教會說某個特定的人陷於地獄之中，即使那個人是猶達斯（猶大）、希特勒或是史達林。

耶穌接觸、療癒了每一個渴求並請求療癒的人，他的療癒沒有條件。你可以自己檢視這一點。為什麼耶穌還在世上時，他的愛沒有條件；但在他死之後，卻突然變得有條件了？那是同一個耶穌嗎？還是耶穌在復生之後改變了他的做法？對於天堂與地獄的信仰，是在於維護各方面的自由，而上主是最開放的一方，祂總是原諒而包容、療癒而祝福，甚至包括祂表面上的「敵人」。耶穌要如何要求我們祝福、寬恕並療癒我們的敵人，就如同他做過的那樣（瑪竇／買太福音 5:43-48）？耶穌告訴我們要愛我們的敵人，因為他總是看到天父這麼做，而所有的靈命不過是「效法天主」（厄佛所／以弗所書 5:1）而已。

威爾伯曾經很恰當地描述了生命的後階段，他說：「**經典的靈命旅途總是從精英開始，以平等結束，總是如此！**」我們可以在猶太教中看見這點，猶太人從被揀選開始，以成為無邊界的先知作為結束；我們也可以在伊斯蘭的蘇菲教派和印度教的克里希那意識中看見，他們不論在何處都能見到上主的喜樂；我們甚至可以在奧秘者如布雷克或是諾里奇的猶利安的身上見到，他們從一粒沙或是榛果中開始，然後迅速地發現自己悠游於無垠之中；我們還可以在美洲原住民的蒸汗棚屋[3]中見到，參與者在結束時用自己汗水淋漓的軀體碰觸土地，說：「全都是我的親戚！」我希望天主教徒參與領聖餐時，能有相同的體驗。

生命會先向多元化前進，然後再向每個更高層次的多元化的結合前進。這是古老的「單一又多元」的哲學問題，這也應該是基督信仰以三位一體來解答的信念。直到現在，**我們偏愛精英主義，而非任何平等主義；我們喜歡成為「唯一」，卻不懂如何將許多事物包容其中。**

就連教宗若望保祿二世都說，天堂與地獄主要在於一種永恆的意識狀態，而非未來獎賞或懲罰的地理位置[4]。我們似乎是自己最糟糕的敵人，總是**忘卻或否認那些美好到令人無法置信的事物**。顯然地，「自我」比較喜歡將世界劃分為贏家與輸家的獎勵制度，更甚於個人的功勞與價值都失去意義的恩典制度[5]。在前者的情況，至少我們少數的好人能夠獲得榮耀；在後者的情況，所有的榮耀都歸於上主。

想要修復你的記憶缺失或是進入天堂，是一段重新發現的過程，去重新找回「快樂的孩子」仍然著迷不已的魔法世界；但是它現在必須包括了成熟的愛、獨特的生命旅程、你所有的人際關係，還有足以讓你坦誠面對、腳踏實地的失敗。這段「第二個童年」可能需要一些實際的個人範例來闡述，所以就讓我來說說，我自己生命第二階段的經驗。

3 編注：蒸汗棚屋（sweat lodge），一種印第安淨化儀式。

4 General audience, Pope John Paul II, June 2, 1999.

5 Gulley, Philip, and James Mulholland, If Grace is True (New York: HaperCollins, 2004).

第九章

第二次的單純

在理性與批判的思考之外，我們還需要再度被召喚。這可引導我們發掘一種「第二次純真」，讓我重返第一次純真的喜悅，但卻是全然嶄新、包容和成熟的想法。

——呂格爾（Paul Ricoeur）

人們恐懼於被視為前理性，以至於他們避免並否認超理性的可能性。其他的人則將單純的前理性情緒視為真正的宗教經驗——其實那總是超理性。

——威爾伯

這兩段簡短的摘要（不是精確的引述）來自於兩位偉大的思想家，他們差不多描繪出了我個人在靈命與知識上的旅程。我起先是個非常保守、第二次梵蒂岡大公會議前的天主教徒，住在純真的堪薩斯州。我虔誠、守法，受到雙親穩固婚姻的保護和許多敬拜傳統的約束，那些美好的敬拜傳統，洗淨了我的時間與空間。那正是我最初的、美好的單純。每個認識那時候的我的人，都同意我是個快樂的孩子與年輕人。

接下來我的經驗變得豐富了，一九六〇與七〇年代，我在更大的世界裡受教育，獲得了哲學與神學學位，方濟會也賦予我廣泛的人文藝術教育。那些教育是進入複雜理性的第二段旅程。然後，像亞當和厄娃（夏娃）所必然的那樣，我離開了伊甸樂園——儘管我對聖經的最新理解明白地顯示，亞當與厄娃可能不是歷史人物，而是重要的象徵典型。

可是該死的！我住在堪薩斯州的雙親很擔心！知識和「啟蒙」讓我目眩神迷，而且顯然我已經不在堪薩斯州了！我像《綠野仙蹤》裡的桃樂絲一樣，已經飛越「彩虹」了。有一陣子，這其實有點讓人難過與不安，我人在伊甸樂園外，某些美好的純真死了，而且「革魯賓和刀光四射的火劍，防守到生命樹去的路。」（創世紀 3:24）

所以，很不幸地，我已經回不去了。在童年時期的彩虹那一端，生命簡單多了。

隨著時間的推進，我變得既傳統又前衛，大概到今天都是如此。我找到了一個更大、更快樂的樂園（請注意在默示錄〔啟示錄〕第二十一章最後描述的新的樂園），現在我完全相信亞當和厄娃了，但是大約提升了十個層次以上（會拘泥於文字表象的，通常是最低階的意義）。我之後的生命，活得像是個沒有國籍的人——但同時又像是個不論到哪個國家都像回自己家的人。這種不拘時空的心態，連我自己都感到驚訝。我不再是個單純的自由派或是保守派。這是我初次強烈地認識到弔詭與矛盾，而後，我幾乎花了整個中年時期來理解到底發生了什麼事——以及如何發生，還有為什麼它必須發生。

對我而言，這樣的「天路歷程」是隨著圈子的擴展，按步就班、順理成章、有組織性地發生的。因為演講的行程，我很幸運地能在不同的國家、文化和概念中跳躍；但是長年傳統的紮實基礎卻從來沒有動搖過，不斷擴張的只有看事情的透鏡、條件、內在空間和眼界。我總是不斷地向更大的區別和觀點前進，同時也朝著對想法、對人的深刻理解和真實正義的更大包容性前進。一路走來，神變得越來越偉大，並且引導著我到達更大、更寬廣之處。如果上主可以包容、允許，那我為何不可？我沒看過什麼上主摑擊祂的敵人的例子；事實上，如聖女大德蘭所注意到的，通常是祂的朋友遭到打擊！如果神要求我行無條件的大愛，那麼顯然上主的行事方式也是如此。

很快地，一個比美國和天主教會都還要大的世界出現了，但我最後發現那也是一種弔詭。就像美國硬幣上的「e pluribus unum」（合眾為一）其實並沒有包括全部人民（如黑人、北美原住民、窮人……等）。身為一個天主教徒，我終究必須選擇是羅馬天主教（Roman）還是天主教（Catholic），而我所選擇的，一直是天主教的那一端。要麼，耶穌就是「世界的救主」（若望／約翰福音 4:42）；要麼，他根本就不是什麼救主。美國要就以相同的民主對待全世界，否則根本就是不相信民主。這就是我的看法。

但是，伴隨著這個轉換和認知的緩慢過程而來的，並不是**只能二選一的認知**；而是確切的**兩者皆是的認知**。這一切，如果不是靠著大量的祈禱、自我懷疑、研讀和對話，是不可能做到的；而這段轉換的旅程，更引導我獲得更深刻的理解，理解了教會稱之為神聖的、美國人稱之為自由的、心理學稱之為完整的。現在我之所以可以超越，正是因為我能包容和擴展。

法國當代哲學家呂格爾認為，**原始的純真是展開旅程的最佳方式，而第二次的純真，是繼續那段旅程而不變得憤怒、分裂、疏離或愚昧的最簡單方法。**我現在相信，那種「第二次單純」正是成熟成人和成熟信仰的唯一目標。雖然我們常以一種略帶貶低的方式來表達，但是我不得不懷疑，當我們說老年人像是處在「第二個童年」時，是否不只是直覺，而是那就是我們該去的地方？當許多詩人說「孩子是男人的父親」時，這是不是才是它真正的意思？

以個人微小的觀點作為事物的參考核心，或是作為公正地評斷事物的標準，這種參考和標準都會隨著生命的推進而逐漸褪去。「宇宙」（Universe）的字義即為「扭轉某件事物」，我知道那指的不是**我**。大多數人認為，要麼，這個宇宙有某種偉大的真理；要麼，根本沒有什麼真理可以依靠。我們期待是有，希望這一切的背後有著某種模式存在（即使這個模式是例外！），否則這個宇宙就毫無條理可言了——這似乎就是後現代的人們所接受的狀態。但我就是沒辦法接受。

成熟的宗教，現在還有一些科學家都說，我們生來就是要追求宏觀、超越、持續的成長，以及與自己、與萬物合而為一。[1] 如果神不是為了所有人而存在，如果神聖的DNA不是早已存在於萬物之中，那麼神也不會是任何普遍定義的神了，甚至連神都稱不上。就我看來，我們是一路被驅趕著前進，前往更高層次的結合與包容（原諒他人之所以為「他人」），就如德日進所說的：「一切升起的，都必將匯合。」

然而，許多人都停滯在一個較低的層次上，堅持神會永遠折磨、排除那些不同意祂、或是弄不清楚祂的名字的人。**在器量這麼狹小的神面前，你怎麼可能感到安全、自由、被愛或是受到歡迎呢**？耶穌排除了這個愚蠢的想法，他說：「你們縱然不善，尚且知道把好的東西給你們的兒女，何況你們在天之父，豈不更將好的賜與求祂的人？」（瑪竇／馬太福音 7:11）在生命的旅程中，我遇見的那位愛我的神，帶給我的永遠是「哇！還有更多！」的體驗。如果我們是依神的形體和相貌所創造出來的，那麼，當我們說到人性或造物的真、善、美有多麼美好時，都應該以級數成長的倍數來讚美神。神是造物與人性之美乘以無限大。

1 Pearce, Joseph Chilton, The Biology of Transcendence (Rochester, Vt.: Park Street Press, 2002); Newberg, Andrew, Why God Won't Go Away (New York: Ballantine Books, 2002).

焦慮與懷疑

對我而言，這美妙的宇宙不可能是個沒有條理、充滿意外的體系，也不可能建構於邪惡之上；雖然我承認這種理智的跳躍與對於善美的偏心，仍舊是基於我個人信仰與信心的一種表現。但是這基於信心的行為，卻是百分之九十九的人類的常識與直覺。而且我更進一步地相信，一個無償而慈愛的神，會創造出繼續自行創造的萬物，一如所有家長對他們孩子的期待一樣。神似乎希望**我們**都能從中獲益，這**大功**（Great Work）也屬於我們！

不過，對於這一切要如何進行、是否會進行、在何時、何地、以及由何人來進行，我還是抱有一定程度的懷疑。有創意的懷疑讓我保有一種「初學者的心態」——這是一種能讓人持續成長、保持謙卑、並且活在快樂美好之中的美妙方式。但是，對許多信徒來說，似乎正是這種對事物的**寧靜內在顯露**，為他們帶來最多的懷疑與焦慮。他們似乎比較想要一個揮舞著魔杖的神（或是小仙女？）而不是一個秘密謙卑地做工，好在過程與結果中包容我們所有人的上主。為什麼有基督信仰者會覺得演化論造成信仰問題，我認為這是唯一的解釋。我們活在宏觀中的唯一代價，就是要對「如何、如果、何時、何地、何人」保留一點懷疑與焦慮，但是絕不包括懷疑**內容**。遺憾的是，絕大多數的基督信仰者都沒有受過訓練，讓自己長期思考對立的想法，或是活在有創造力的張力之下。

基本的宗教信仰，是對宇宙的**合諧**、**意義**、**善意和方向**投下贊成的一票，我猜想這源自於我們在上一章提到的，關於家、靈魂，還有聖神返航的方式。這種信念或許也是一種信心的展現，正如愛因斯坦說在他發現統一場之前，他能假設的只有這件事：無論真實為何，它都會以「簡單而美麗」的模樣呈現出來。我完全同意！**任何宗教都相信神是唯一、善美的神，若果真如此，那麼所有的真實也必然是簡單而美麗的**。猶太人將這一點變成他們的律法，刻在心頭，也寫在門楣上（申命記 6:4-5），這樣他們才不會忘記。

對於那些根本無法抱有任何懷疑或焦慮，也無法像聖多默（Thomas the Apostle）或德雷莎修女那樣學著去懷疑的「真正的信徒」，我感到非常憂心。對事情那麼確定的人，往往會像哈姆雷特中的皇后那樣，過度地抗議，並且過於努力。**要掌握生命的**

完整奧秘，就在於容忍它的另外一半，要掌握死亡和懷疑的奧秘，方法亦同。要完全地理解任何事物，這份理解就一定包括了掌握仍舊神秘與未知的那部分。

在活了將近七十年之後，「我」對我自己而言，仍然是個神秘而難解的東西！我們年輕時要求某種確定，這的確能排除我們意識中大部分的焦慮，所以我能理解為什麼有那麼多人停留在第一階段生命的控制塔中，因為**我們仍欠缺足夠關於「完整」的經驗，以包容所有的部分**。生命第一階段的純真，包括各式各樣難以放棄的興奮與快樂，除非你明白未來有更深刻、更經得起考驗的快樂在前方等著你，否則你很難放棄，但是，在早年你往往不明白這些！這就是為什麼處於第二階段人生的人必須告訴你的原因！沒有進階的長者，社會將不成社會，其靈性也會凋零。

初始的純真，是我們有時在年輕的狂熱份子身上所看到、所欣賞的一種迫切而危險的純真；但那同時也是我們如果聰明就不會追隨、我們也不應該選擇他們作為領導的原因。當你年輕時，排除一切懷疑可能是必要的，這麼做是很好的生存技巧，**但這樣的世界觀是不真實、也不睿智的**。所謂的智慧，是與神秘、懷疑和未知快樂地共存，而相當反諷地，這樣生活可以消解相當程度的難解之秘。我從來沒弄清楚為什麼未知可以成為某種已知，但是的確如此[2]。要花上許多的心力學習，才終於能夠「學會愚昧」（docta ignorantia），狄約尼削（Dionysius）、聖奧思定、聖文德（Bonaventure）以及尼古拉斯（Nicholas of Cusa）都這麼說。

我必須很難過地承認，對於人們為什麼不這麼看事情，我有點缺乏耐心；但我自己也是花了很長一段時間才到達這個境界，所以在這期間，我學會了要更有耐心地等待。現在的我，不需要那麼努力地去推動河流、擁有河流，或是要大家都站在我的河面上；其他的人也無須跟我一樣為河流定個名字，以這種方式讓自己信任他們與他們的善意。你需要在自己渺小的河流中淹沒過許多回，才能抵達寬大而善美之地。

我和其他人一樣，有許多個人經驗、教導、導師；但是，正如艾略特在《四重奏》（*Four Quartets*）中所說：

我們有經驗，但錯過意義；

2 Butcher, Carmen Adevedo, The Cloud of Unknowing (Boston: Shambhala, 2009). 這本經典的新譯本，提供了因相同的匱乏而受害的現代基本教義和無神論之間所欠缺的連結。

接近意義，回復經驗；
以不同的形式，超越任何意義；
我們將此歸於快樂。3

我知道艾略特用字簡潔，但是值得一讀再讀。在人生的第二階段，我們不再要求美國憲法所賦予的追求快樂的權利，也不再要求別人要和自己有相同的經驗；取而代之的是，**簡單的意義就已足夠，而簡單本身即是一種深刻的快樂。**正如身體無法沒有食物而活，靈魂無法沒有意義而活。心理醫師維克多．弗蘭克（Viktor Frankl）將這一點說得很好，他指出某種層次的「意義」，在納粹的猶太人大屠殺中，正是支撐人們度過全然絕望和死於自殺的關鍵之物。人是意義的創造者，而在我們的經驗中尋找深沉的意義，不僅是靈命的另一個名稱，也是人類快樂的體現。

這全新的一致性，這包容了所有矛盾弔詭的統一場，正是逐漸描繪出第二階段人生的特質。那感覺就像是，我們學會了所有「複雜」之後，便要回歸「簡單」。在最後，我們終於活得夠久，久到足以看到「萬物皆有所歸」4——當然也包括了那些悲傷、荒謬和無用的部分。

在第二階段的人生中，我們可以試著讓一切歸屬於統一場內，即使是那些最痛苦的部分、被排除的部分也一樣歸屬進去——尤其是那些不一樣、從來不曾擁有過機會的人。如果我們原諒自己的不完美和墜落，現在我們幾乎可以原諒所有人了。如果你沒有為自己這麼做，恐怕你會繼續將你的悲傷、荒謬和無用都傳遞給他人。許多人在上了年紀之後，卻沒有成為真正的長者，或許是因為他們不曾受到真正長者的指引，這樣的人生旅途，是一條充滿悲劇的道路。

這些人似乎錯過了初次的單純所帶來的喜悅與明確，也許他們避開了中期的複雜，最終卻錯失了第二次的單純所帶來的寬廣、自由與氣度。我們需要掌握生命的每一個階段，而基於某種奇妙而美好的理由，到了我們晚年，一切都會變得相當地「單純」。

事實上，如果這本書沒有為你把一切都變得很簡單的話，那就是我哪裡做錯或

3 Eliot, T. S., "The Dry Salvages," Four Quartets (New York: Harcourt, Brace & World, 1971), 39.
4 Rohr, Richard, Everything Belongs: The Gift of Contemplative Prayer (New York: Crossroad), 1999.

是你哪裡聽錯了。諷刺的是，在到達第二次的單純之前，你必須先經歷過必要的複雜（或許也可以說是必要的苦難）。因為從第一次到第二次的單純之間，從來就沒有直達的班機。

第十章

光明的哀傷

我因光明與聖神而死。

——牟敦《萬福瑪利亞與窗戶的比喻》

（*The Blessed Virgin Mary Compared to a Window*）

生命的第二階段有種莊嚴感，但是，現在它卻被一種更深刻的輕鬆感，或說是一種「還不錯」的感覺給托起。如果你能理解的話：我們成熟時期的特質，就是一種光明的哀傷，以及嚴肅而清醒的快樂。針對這一點，我盡可能地尋覓適當的字眼，來形容我所遇到的許多美好的年長者。如果你曾遇到過這些美妙的長者，你就會明白我的意思，還能自行找到恰當的形容詞。在人生的第二階段，仍舊有黑暗面存在——事實上，或許還更多。但是，現在我們的能力改變了，能夠用創意以及更少的焦慮來掌握生命。

這就是聖十字若望所說的「光明的黑暗」。這解釋了聖徒同時體驗到的深沉苦難和強烈喜悅。這種狀態，對我們大多數人而言是難以想像的。東正教相信，如果某個東西是真正的宗教藝術，那麼它必然具有「光明的哀傷」這個特質。我相當同意這種說法，並且認為這種說法同樣適用於人生。

在第二階段的人生中，我們會越來越不需要去排除那些負面的、可怖的事物，也不會有興趣那麼做；我們也不會再下那種老掉牙的倉促評斷、緊握不放過去的舊創傷，或是覺得有任何懲罰他人的需要。你曾經有過自以為高人一等的傲氣，也會逐漸地散去。你不再抗拒這些事情了——那些已經被證明了太多次是無用、自我設限、只會製造反效果，而且往往是錯誤的事情。你學會積極而主動地忽視邪惡或愚蠢的事物，而不是浪費精力、直接地對抗它們。

只有當你被直接點名，並且也已經準備好的時候，你才能採取對抗的行動。因為，當我們太長久、太直接地對抗某件事物，我們會成為這件事物掩飾得很好的倒影，經過一段時間後，我們所反抗的那件事物，反而會決定問題的能量與建構，你也因此喪失了所有的內在自由。

等你走到第二階段的人生時，你將會慢慢地、心裡一邊帶著抗拒地逐漸明白，一切對邪惡的正面攻擊，只會在你的內在製造出另一種惡，此外還附加了高漲的自我形象，並且會刺激被你攻擊之人的反擊。這似乎是我們必須學習的最後教訓之一。想想看《卡拉馬佐夫兄弟們》（*The Brothers Karamazov*）中冷酷的大審判長，或者是《玫瑰的名字》（*The Name of the Rose*）中試圖抹去幽默感的僧侶，或是佛羅里達州蠻著眉頭焚燒可蘭經的群眾。那些自以為聖潔的人士，到了最後通常都是最不聖潔的人。

在現在的日常生活中，我們所需要的祈禱和明辨力，遠超過對於選擇保守或自由這兩端的直覺反應。現在，你擁有**不同層次**的反應了，雖然它們並不像直覺反應那樣可以預期。當然，法律仍然非常重要，但那已經不是你唯一的指標了。有許多時候，法律是殘忍而錯誤的。

現在，真福八端（天國八福）比十誡更能讓你感動。我經常猜想，為什麼大家不願意在法院的草坪上豎立一座真福八端的碑文。後來我才意識到，耶穌的真福八端對於戰爭、強硬的世界觀、有錢人或是我們的消費經濟體系，可能沒有任何好處。就像在第一階段的人生中，法院是很好、很必要的機構；但是在第二階段的人生中，你的方式會變成試圖去影響事件、為改變而努力、默默地遊說、改變自己的態度、祈禱或是原諒，而不是打官司。

生命變得更開闊了，容器的界線也因為不斷增加的新經驗和新關係而擴展了。你就像個可以增大容量的行李箱，而且是在毫不自覺的情況下逐漸增長成這樣。現在，**你就在此**，而這裡所擁有的，遠遠超過足夠而已。而這樣的「存在」自有其份量、權威與影響力。只要觀察坐在任何討論中的真正長者，就會發現他們往往決定了核心的位置、深度與寬度——單單靠著他的人在場而已！大多數的參與者甚至感受不到這種變化。當長者們說話時，只需要簡單的幾句話就能說明他們的觀點。真正的長者不需要太多話語，這是我顯然還做不到的事。第二次的純真自有其光明與透徹之處，但大部分都是透過非文字的方式來傳達，而且只有在真正需要的時候。如果你話說得太多、太大聲，通常就表示你不是個長者。

如果在這個階段我們有所領悟，那一定是明白了大家其實都處於相同的狀況中，在衣服之下也同樣都是赤裸裸的。這似乎不是什麼偉大的認知，但是就算是這樣卑微的坦誠，都能賦予我們一種奇特、平靜的慰藉。年輕時，你以與眾不同來定義自我；現在，你則是追尋我們共有的特質。你在相仿之中尋得快樂，現在，這點對你而言變得越來越明確；你無須停滯在人與人之間的差異或是誇大的問題上，創造戲劇性也將變得無趣非常。

在人生的第二階段，讓自己成為群眾之舞中的一員，感覺其實很不錯。在這段舞蹈中，我們不需要特別突出、做明顯的動作，或是跳得比別人好。**生命是參與，更甚於自我的展現**，而我們已經不需要強烈或更進一步地表現自我了。上主已經照看了所有的一切——遠超過我們所預期的。光明源自於內在，而且通常遠超過我們所需。這種舞蹈有一種嚴肅性，但同時也有一種無自我意識的自由，使它顯得那麼光明而閃亮。想像一對老情人在一九四〇年代，在輕柔黑管與鋼琴合奏的旋律中默默地共舞，在彼此的懷裡感受到安全與自在，毫不在乎是否有人在注意他們。這舞，純然就是舞而已。

在這個階段中，我不再需要證明我或我的團體是最棒的、我的民族是最優秀的、我的宗教是神唯一所愛的，或者是我在社會中的角色與地位值得受到更好的待遇。我不再汲汲營營於堆積更多的好處或服務；簡單來說，我每天的渴求與努力都是要回饋，回饋我所獲得的一切，回饋一些給這個世界。現在，我明白宇宙、社會和上主都是如此無償地賜予我一切。現在，正如依莉莎白·莎頓（Elizabeth Seton）所說，我試圖「簡單地過活，好讓大家都得以生活」。

處於這個階段的人，埃里克森稱之為「啟發性」的人。為了未來的世代，啟發性的人樂意、也能夠從他豐富滿溢的生命中啟發更多的生命。這些人已建造好自己的容器，所以能包容越來越多的真理、越來越多的鄰人、越來越寬廣的視野，以及越來越奧秘與豐沛滿溢的上主。

他們的神不再是器量狹小、懲罰性或群族性的神。曾經，他們崇拜過救命的救生筏；但現在，他們愛的是救生筏載他們所抵達的彼岸。他們曾經捍衛過路標，但現在他們已經抵達了路標所指引的目的地。他們現在學會了享受月光，而不是爭論到底是誰才能最正確、最迅速、最具決定性地指出月亮的方位。

與日俱增的無限感和開闊感，越來越不在於「外」，而大多是在於「內」。內在與外在已合而為一。現在，你可以信任自己的內在體驗了，因為連上主都允許、使用、接受並且修正它。正如聖奧思定的《懺悔錄》（*Confessions*）中戲劇化地寫道：

你在其中，但我在其外。你與我同在，但我卻不和你在一起。於是你呼喚，你吶喊，你擊破我的耳聾；你發怒，你燃燒，並且驅趕我的盲目；你揮灑芬芳，而我卻屏息。[1]

在你的生命中，必定要經歷過多次的屏息，才能終於停駐在光明的哀傷中：你之所以哀傷，是因為現在你承受著更廣闊的世界的痛苦，同時你希望大家都能享受你所享受的。之所以光明，則是因為在某些層面上，生命仍舊「非常美好」——正如〈創世紀〉中所承諾的。再一次，牟敦在他的書中將這一點說得最好：「現在那已不重要了，因為我們的絕望無法改變現實，也無法污染永遠存在的普世之舞……現在，我們受邀刻意地去遺忘自我，將我們令人討厭的嚴肅拋入風中，然後參與這普世之舞。」[2]

在人生的第二階段，我們對於一切的事物、事件、甚或是大多數的人，都不會再有強烈而無法更動的意見了。正如同我們不再讓他人或其他事物取悅我們、令我們悲傷，以及真正地影響我們一樣。我們不再需要靠著改變自己或改變別人，才能讓自己感到快樂。諷刺地是，此時的我們，比以往更能改變別人了——但是我們**不需要**——而這讓一切都變得不同了。我們從「做」轉為「存在」，轉變成截然不同的、自然的、靜靜的、潛移默化的另一種「做」的狀態。我們的行為較不具強迫性。我們做我們被召喚去做的事，然後試圖放開結果。這一點，我們年輕時通常做得不太好。

這是我們人生的高峰，之前所經歷的一切，都是為了要創造出這樣的人類藝術所

1 Augustine, Confessions, Book 10, 27, 大多為我個人的翻譯。
2 Merton, Thomas, New Seeds of Contemplation (New York: New Directions, 1961), 297.

做的準備與序曲。現在，我們只要透過「做自己」就能幫助、影響其他的人。人類的誠信可能比任何一切都更能影響、感動別人，讓他們從騷動進而採取行動。當我遇到一些老年人仍舊妄自尊大、對一切都堅持自己的意見時，會讓我感到很難過。基於某種原因，他們沒有在這個社會中為自己取得應有的一席之地。我們需要他們深刻、富有經驗的熱情，更甚於他們表面化、大聲宣揚的原則；我們需要他們的平和，更甚於他們的憤怒。

沒錯，人生的第二階段有著必須肩負的擔子，但是沒有其他生活方式比這樣更合理了；也沒有其他任何方式，能更賦予你的靈魂現在所需求、甚至讓你享受的深刻滿足感。這種全新而深刻的熱情，正是人們說「我必須做這件事，否則我人生沒有意義」或「這不再只是一種選擇了」時，所代表的意義。現在，你的人生和傳達系統已經合而為一，不像從前那樣，生活和職業似乎是兩種不同的東西。你關切的不再是**擁有你所愛的**，而是**愛你所擁有的**——就在此刻。和人生第一階段相比，這是個重大的轉變，重要到這幾乎已成為你是否已步入第二階段人生的石蕊試紙了。

現在的遊戲規則都不一樣了。我們經常可以從老年人自在的餽贈中見到這一點。

他們對於囤積、擁有、收藏，或是以他們的東西、房子、遊歷來讓別人記住他們，也已經越來越不感興趣了。他們內在的光明，以及他們對人生所保有的悲傷與喜悅，就是生命給他們的獎賞與滿足，也是他們回饋給這個世界最真實、最美好的禮物。這樣的老人家，是世界的「祖」父母。在他們身邊，孩童和其他成年人都能感受到安全和愛，而他們也會感受到自己被孩子、青少年、中年人所需，然後盡心地給予協助。他們處於自然的流動循環之中，確實如此！

很奇妙地，人生所有的問題、兩難處境和困難，現在都不是靠否定、攻擊、批判、蠻力或是邏輯的方式來解決了，而是將之安置於一種更大的「光明」中——霍金斯稱之為「事物最深層、最珍貴的清新生氣」。這就是我們等待已久的向上提升！我們行動與默觀中心的指導原則之一是這樣說的：「實踐更善美的，就是對於壞的最佳批判。」從我父聖方濟身上，我學到了這一點。他不埋頭專注於攻擊邪惡或他人，而是讓他的生命「墜落」，一次又一次地墜入善良、真實和美好之中。這是我們唯一知道墜入上主懷中的方式。

這樣的內在光明，終將成為另一種更好的選擇，比任何戰爭、憤怒、暴力或是思想所產生的邪惡都更好、更具延續性。你只要遇見過一名這樣明亮閃耀的人，就知道他絕對是人類的目標與上主的喜悅。我希望你能成為那樣一個光明的人，而我期待本書能協助你看見、接納，並且信任這光明。否則，本書不過是又一堆層層堆砌的言詞，而不能化為血肉的文字。而在它化為血肉之前，是無法發光、閃耀的。

第十一章

陰影之地

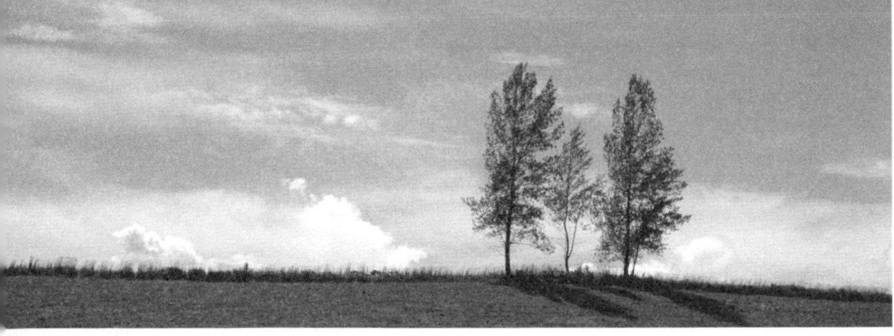

光在黑暗中照耀，黑暗決不能勝過祂。

——〈若望福音〉（約翰福音）序言 1:5

當你和你的對頭還在路上，趕快與他和解，免得對頭把你交給判官，判官交給差役，把你投在獄裏。非到你還了最後的一文，決不能從那裏出來。

——〈瑪竇福音〉（馬太福音）5:25-26

儘管這種光明帶來了喜悅，我們仍然必須談談在抵達那裡之前，那段充滿矛盾的旅途。到了人生的第二階段時，你已然與自我的陰影面有過經常性的接觸了，這使得你逐漸脫離你在第一階段人生中積極建構、但卻不是那麼光明的**假面**（也就是希臘文中的舞台面具）。其實，你的假面並不是壞、邪惡、或必然以自我為中心，它只是「不真實」而已。它是由你的心智在無意識下所製造、維護的；但是它可以消亡，也終將死亡，一如所有的虛假之物。

「假面」和「陰影」是相互關聯的辭彙。你的「陰影」就是**你拒絕承認，而且不想要別人看見的自我**。你越是努力經營、保護某個精挑細選過的假面，就越需要處理更多的幽暗陰影。我們尤其要注意任何理想化的角色或是自我形象，例如：神職人員、母親、醫生、好人、教授、道德信仰者，或是某個組織的領袖。這些都是很難成就的偉大假面，足以讓許多人終身陷入其虛幻之中。你越是附著於這樣一個被保護的自我形象，就越會對它的存在缺乏警覺，也越有可能因此產生更多的陰影。相對的，你越活出自我的陰影，就越無法承認你努力保護與營造的假面。這就像是雙重的盲點，阻礙你去看見、去活出你最棒與最深刻的自我。正如耶穌所說：「你身上的光明

如果成了黑暗，那該是多麼黑暗！」（瑪竇／馬太福音 6:23）

多年來我一直祈禱，希望每天遭遇一個像樣的羞辱，讓我可以藉此觀察自己的反應。因為以我的身分，實在很難有其他方式可以見到我堅決否認的陰暗自我以及理想化的假面。其實，我很訝異沒有更多關於神職人員的醜聞，因為「精神領袖」或「專業宗教人士」是那樣危險、容易自我膨脹的假面。每當神父或任何虔誠的信徒太過於反對某件事，你幾乎就能確定，有某種幽暗的陰影就躲藏在不遠之處。

你的「假面」，是大家想從你身上得到、也回報給你的那一面，同時也是基於某些理由你選擇去認同的那一面。當你開始了解自己的內在，就會明白你的**自我形象**其實不過就是形象而已，並不值得去保護、宣揚或是否認。正如耶穌在本章開頭的段落中所說的，如果你選擇與那些對你提出挑戰訊息的人交好，你通常會因此而逐漸見到自己某部分的陰影。如果你不願意與他們交好，你就會錯過自己迫切需要的智慧，而終將被「囚禁」在自我之中，或是被他人拖上「法庭」；而到時候，毫無疑問地，你必須「還了最後的一文」才能重整你的生活和人際關係。想想看，我們有那麼多政治人物和神職人員，在性醜聞與財務醜聞之後所面對的公開羞辱。

對我而言，「對頭把你交給判官」這句話，生動地描述了我們讓自己內在的故事情節對我們做了什麼。在短短的十秒鐘內，我們就可以創造出一整個自圓其說的場景，用來怪罪、發怒和傷害我們自己或他人。耶穌說了，千萬不要這麼做！否則判官、差役和法院將迅速地接手，然後對你為所欲為。當代美籍比丘尼佩瑪．丘卓（Pema Chodron）說，一旦你創造了一個自圓其說的情節，你內在的情緒陷阱會瞬間成長四倍！她說的一點都沒錯，可是我還是每天都這麼做，然後在冒犯言詞出口後的十秒鐘內，變身為最惡劣的判官、律師和陪審團。

你的自我形象是缺乏內涵而且短暫的，它不過是由你的心智、欲望、選擇，以及所有人對你的期待所創造出來的！它在柏拉圖不切實際的概念世界中飄蕩，它完全不客觀，而是全然主觀（但這並不表示它沒有真實的影響力）。想要前往第二階段人生的智慧，和必然會面臨的陰影課題，以及健康的自我批判性思考有極大的關係；因為唯有後者，才能讓你看到自己的陰影和偽裝，此外還能找出保祿（保羅）所說的「藏在天主內」（哥羅森／歌羅西書 3:3）的自己。禪宗稱之為「誕生前的面孔」。這個自我不會死，是永生的，而且是你**真實的自我**。

正如耶穌所說：「先從你眼中取出大樑，然後你才看得清楚，取出你兄弟眼中的木屑。」（瑪竇／馬太福音 7:5）他也說：「眼睛就是身體的燈。」（路加福音 11:34）靈命的成熟度，大多在於「看見的能力」的成長。想要完全地看清楚，似乎得花上我們一輩子的時間，而這個能力，往往會在人生的最後幾年、幾個月、幾週和幾天內有大幅度的躍進——任何參與臨終關懷的志工都能告訴你這一點。對那些注重內在成長的人而言，在人生的最後幾年，他們的洞澈力似乎有著漸增累計、呈級數上升的成長；而那些否認任何陰影與羞辱自知之明的人，似乎也有著漸增累計的封閉與停滯。看看那些殺掉數百萬人、在紐倫堡接受審判的納粹們，他們一直到最後仍完全否認並堅持他們的道德自我形象。我確信你知道一些這兩種類型的例子。

陰影的功課，就是羞辱的功課，但理應如此。如果你不經常「吞下」這些羞辱，不和進入你生命的判官、法庭和差役（就是那些揭發你、為你否認的罪行定罪的人）交好的話，你必然將永遠地停留在人生的第一階段。沒有經過重大的、與陰影對抗的人生階段，我們絕對不可能抵達人生的第二階段。我很遺憾地告訴你，這種**陰影的功課將會延續到生命的終點**，唯一的差別是，你不再會因為這種意外之事而感到驚訝，也不再會因為你的恥辱而徹底被羞辱！你會預料到自己有各式各樣的不認真、欺瞞、虛榮或是幻想。現在的你，已經看透這些了，這差不多就擊敗了它們大多數的技倆和傷害你的能耐。

奧德修斯必須不斷地面對自己所下的錯誤判斷，他和其他人因此受了很多的苦，但是，他似乎經常從自己的陰暗面中學到了些什麼。有些人稱這種模式為「發現金色的陰影」，因為陰影為靈魂帶來了那麼多的啟發。故事和小說中的一般模式是，英雄面對自己的陰暗面，並且從中學習、成長；但是壞蛋卻從不這麼做。最讓人難忘的電影和小說，毫無例外地都是那些呈現出真正「性格發展」、透過陰影功課而成長的作品。這些能激勵、啟發我們，因為它召喚我們每一個人的內在。

我們年輕的時候，都強烈地認同自己的假面，讓自己成為否認大師，並且學會刪除或否認任何不支持它的事物。**我們的假面和陰影本身都不邪惡，它們只是允許我們去做惡事並且毫無自覺**。在某種層次上，我們陰暗的自我，讓我們成為偽善者。要記住，在希臘文中「偽善者」（hypocrite）這個字，不過是指一個扮演角色、而非呈現真實的「演員」而已。我們都躲在某種衣櫃或其他什麼東西的裡面，然後扮演著社會鼓勵我們去扮演的角色。每個人都看得見你的陰影，因此，去了解那個除了你自己之外大家都了解的你，是非常重要的事！

所謂的聖者，就是完全不需要保護「我」、營造「我」的人。他或她的「我」已與上主的「我是」意識合而為一了，而那遠遠超過足夠。與聖神（聖靈）的結合超越了任何對自我痛恨或是自我拒絕的需求。這樣的人，不需要永遠完美、正確，他們也知道那是不可能的；所以，他們只努力讓自己處於**對的關係**中。換句話說，他們致力於「愛」。愛，會永遠緊緊地、安全地擁抱著你。這樣的人曾面對過他們的敵人，並明白最大的敵人就是「自己」。但是你也不需要痛恨自己，你只要看透、超越自己就可以了。「陰影的功課」的真義，就是「從自己（你虛假的自己）中**解救自己**」，這其實也就是救贖的最初意義。

恐怕你越接近光，就會看到越多的陰影。因此，真正神聖的人總是心懷謙卑。如果基督徒們能將「陰影」從「罪惡」裡區分開來的話，就是幫了一個大忙了。罪和陰影是不同的兩件事。我們總是被鼓勵去避開罪惡，這卻使得許多人避開面對自己的陰影，因而讓我們淪入更大的「罪行」——而且毫不自覺！正如保祿所教導的：「因為連撒殫也常冒充光明的天使。」（格林多／哥林多後書 11:14）假面選擇不去看自己的惡，於是他總是將它偽裝成善。陰暗的自我總是以類似謹慎、常識或是「我這麼做是為你好」的模樣呈現；而它真正展現出來的，是恐懼、監督、操控，甚或是復仇。有人告訴過你，路濟弗爾（路西法）的字義是「光明使者」嗎？邪惡總是讓黑暗看起來像是光明，讓光明看起來像黑暗。

當某些事物煩擾你，讓你在當下產生激烈的、與情況不成比例的情緒反應時，那必然是你的陰暗自我顯露出來了。所以，要注意自己任何過度的反應或是過度的否定。當你注意到時，還要注意聖伯多祿（彼得）的雞剛剛啼了[1]！成熟或神聖的人之所以能那麼安然地接受別人的自我，正是因為他們已經沒有太多隱藏的陰影了（不過，永遠都會存有一點，沒有例外！陰影功課是永不停息的。）這個否認、偽裝的自我，需要你花費一生的時間，用極大的精力去面對、喚醒以及轉化，所以你已經沒

1 編注：聖經〈馬爾谷福音〉（馬可福音）中記載，耶穌曾在被捕前預言，伯多祿（彼得）會在雞啼兩遍以前連續三次不認他，伯多祿說他絕對不會，結果他因為害怕，果然不敢承認與耶穌的關係，等雞叫第二遍時，伯多祿想起耶穌的話，登時放聲大哭。

有多少時間去將你的恐懼、憤怒或是沒有真正活過的人生，怪罪於恐怖份子、回教徒、社會主義者、自由派人士、保守派人士，或者是仇恨廣播電台上面了。

隨著陰影逐漸出現（就算是在實體宇宙中，陰影也是由黑暗與光明混合而成），你對於理想化、偶像化的人或是事物也逐漸失去興趣，尤其是對自己。**你不再將你「內在的財富」隨便給人**。你保留你的，讓他們保留他們的。這並不意味著你停止愛他人，事實上，這意味著你正開始確實地愛。這也不是自我厭惡或是自我懷疑，而是剛好相反，因為你終於接受了自己的財富與自己的缺點——而使它們不再相互抵銷。你也終於可以同等地對待他人了，而且你也不會讓別人的某個過失而摧毀你們更開闊的關係。你終於明白了深思以及非二元化思考的絕對重要性，這我們稍後會再討論。

與陰影對抗的贈禮，就是**看見**陰影和它的技倆，這等於剝奪了陰影的隱藏力量。難怪聖女大德蘭說，真正自覺的華廈，必然是第一棟華廈。你一旦面對了自己隱藏、否認的自我，就沒有什麼足以讓你感到焦慮了，因為你不必再擔心、也不必害怕曝光——不管是對自己還是對別人。遊戲結束了，而你自由了。你已經成為傳奇與故事中的「神聖的愚者」，那似乎就是保祿所說的最終階段，不再有任何需要被保護或營造的假面了。你終於是你自己了，你可以做自己了，完全無須偽裝或恐懼。

沮喪與哀傷

陰影的功課一定會伴隨著某種程度的哀傷、羞辱和失望，所以最好的方式是學會如何辨識它，而不是在那上面糾結。在難過、受到羞辱的，是虛假的自我，因為遊戲結束了。這種神聖的哀傷——曾經被稱為「內疚」——是靈魂為了開啟全新而未知的自我和世界所付出的代價。在某種程度上而言，這種必要的哀傷（另一種型態的必要的苦難！）非常重要，必須去感覺、接受和面對。

在針對男性的情況中，我們發現，許多男性不能接受、也拒絕接受這種深沉的哀傷，於是以無目標的憤怒來呈現[2]。唯一能找到他們憤怒根源的方式，就是面對埋藏於憤怒之下的哀傷海洋。男人缺乏哭泣的自由，所以他們將眼淚轉化為憤怒，有時候，這在他們的靈魂中逐漸堆積成真正的沮喪。在任何一個高度競爭的社會中，男人

2 Men as Leaners and Elders, or M. A. L. Es,是我們男性靈修的計畫，提供全球男性成長儀式及計畫。可參考http://malespirituality.org.

都被鼓勵去否認自己的陰暗面，所以我們最後得到了許多悲傷又憤怒的老男人。男人應該有成就更多的潛能，如果他們願意做一些面對陰影的功課的話。

但是，且讓我好好地區分必要的哀傷與其他形態的沮喪。許多沮喪的人，是那些從不曾冒過任何風險、從不曾自他們的舒適圈中走出來、從不曾面對過必要的苦難的人，因此他們下意識地知道，自己**從不曾真正地活過或愛過**！這和必要的哀傷不同，雖然它也能造成相同的作用。恐怕大多數的老年人都僅僅是哀傷或憤怒而已。這樣地度過晚年，是多麼地不幸。

最讓人驚訝的事情之一，就是人類其實可以透過對抗陰影、面對自己的矛盾、和自己的錯誤與失敗握手言和，而獲得完整的意識。缺乏內在掙扎的人，無一不是淺薄而且無趣。我們傾向於忍受他們，而非與他們溝通，因為他們沒有什麼可以溝通。陰影的功課幾乎就是「向上墜落」的另一種稱呼。諾里奇的猶利安將這點說得最好：「先有墮落，然後我們從墮落中爬起。兩者皆來自神的恩典。」

第十二章

新問題與新方向

好好地學習並遵守規則，你就會知道要如何正確地打破規則。

——達賴喇嘛

如果你走在正確的道路上，你的世界將會在人生的第二階段變得開闊許多。但是我必須告訴你一項矛盾之處，就是你信賴的人和真正親密的朋友通常會變得比較少；不過雖然變少，卻會變得更加親密。當其他人或甚至大多數的機構組織還在進行人生第一階段的任務時，你已經不會感到驚訝或憤怒了。事實上，那是大多數的團體、組織，還有年輕人被設定好該做的事！所以，不要因此而仇視他們。

一個組織必須要關切成員條件、政策、程序、協議還有前例。如果是有勞工的組織，則必須具備非常明確的雇用、解雇的制度、監督與管理的條件，以及升等和薪資的規則。對於法律和訴訟，他們會很嚴肅地看待。如果他們沒做好這些事，你對他們會更不滿、更憤怒，但是**這些仍舊是自我的需求，而非靈魂的需求**。這正是我們常遇上的兩難局面，而且不能輕易地解決。但那可以是種非常有創意的張力。

當我們試圖以「在現實世界裡……」或是「終歸一句話……」等陳腔濫調來解決問題時，我們就是在回避這種必要的創意張力。大多數的福音都被類似這樣的簡單否定而被避開了，靈魂的智慧很少在一開始時就顯得實際、有效率，或是能產生利潤。福音的底線就在於，**我們必須先跌到谷底，才能展開真正的靈性旅程**。就某種程度上而言，大多數的宗教都是如此。當我們跌到谷底時，我們就沒時間也沒興趣再關心那些全然實際、有效率或是能產生利潤的東西了。你只想呼吸新鮮空氣。真正的福音永遠是清新的空氣，而且能讓你擁有開闊的呼吸空間。

於是，我們現在的問題變成：「我要如何尊重生命第一階段的合理需求，同時為生命第二階段創造空間、視野、時間和恩典呢？」**維持這種張力，正是智慧的面貌**。只有隱士和少數退休人士能夠完全投注於第二階段的生命，但是，即使是他們也需要吃、喝、穿、住！人類藝術的型態就在於結合「有成效的行動」和「默觀的態度」——不是二者選一，而是**同時保有兩者**[1]。

任何一種團體都必然關切這些實際的事物，但是當你年紀越大、越有智慧時，那反而是你會對這些組織機構感到不耐的原因，包括教會。這言外之意非常地驚人。從歷史來看，在天主教與東正教的傳統中，這樣的你可以走到一旁，然後成為修士或修女。但是現在，就連宗教生活都受到相同的組織化影響，而非永遠是自由的衛星或者原本該是的智慧團體了。我恐怕我們都已經被「教會化」了。

在人生的第一階段中，很少有人能真正地吸收福音或是智慧的思想，所以我們接受「答案」和組織，然後在這種**不是答案的答案**外建造整個結構。如果你是美國人的話，你無法讓人打你的另一半臉頰；如果你是天主教徒的話，也不可能和非天主教徒一同領聖體（聖餐）。你為了大家都碰巧漂浮其上的小溪，而否定了更深、更重要的河流。但事實上，你只是想試圖改善位於這條小溪上游的拖船、小舟和橋梁，好讓大家漂浮得更舒適而已。目前，在世界每個層面都面臨到前所未見的災難的同時，天主教會卻耗費了龐大的努力和時間，將儀式中的祈禱文改回「原始的拉丁文」（耶穌從來沒有說過拉丁文，那其實是壓迫他的人的語言）。看起來，神職人員對教堂仍有其影響、管理之力。於是又一次地，我們認為在小溪上小心翼翼地領航的重要性，再度超越了投身於更廣大的河流中。

這讓我不免想到，耶穌對教會的首要定義「兩個或三個人，因我的名字聚在一起」（瑪竇／馬太福音 18:20）是否仍舊是避免這種錯覺的最佳方式。我知道許多真

1 「行動與默觀中心」於一九八七年在新墨西哥州的亞伯奎基市創立，目的是為了協助那些致力於社會變革以發展出更豐富生命內涵的人。我們一直認為，我們冗長的名稱中最重要的那個字是「與」。詳情見 http://cascradicalgrace.org

正在做一些有幫助、療癒性事功的人，他們從一、兩個真正開悟的朋友那裡獲得主要的協助；如果較大的組織對他們有援助的話，那也是次要的。較大的組織或許能提供骨架，但是肌肉、內容和奇蹟，無一不是在基層發生。

我們的自我（以及大多數組織）想要的是有來有往、一報還一報的世界，但我們的靈魂卻悠遊在一片充滿恩典、自由、豐富、不總是那麼有組織的海洋中。要記住，福音中有提到，在每日終了時，雇主付給只工作了部分時間的工人和工作了一整天的人，是一樣的報酬（瑪竇／馬太福音 20:1-16）。除了在靈魂的層次上，這是完全不公平的。屬靈的人用他們的安寧來調和我們的怒氣；用平和來舒緩我們的急迫；在所有對話都陷入二元論者的爭吵時，他們展現了一個有選擇、有其他方案的世界。

一個團體想要成長，屬靈人士就是必須的鹽、酵母和光（瑪竇／馬太福音 5:13-16）。注意了，耶穌並不要求我們成為完整的一餐、一整條麵包，或是點亮整座城市，但我們應該成為讓這一切發生的寧靜暗流和光暈。這就是為什麼所有組織都需要處第二階段人生者：每個組織裡只要有「兩、三個」就足以讓他們免於完全地自私自利。

如果團體中沒有幾個屬靈的人，那麼你可以確定，那些後來的、排在隊伍尾端的，或是活在我們所謂正常生活邊緣的人，將永遠得不到報償。讓人難過的是，這似乎是我們的政治和教會的共同方向。所以我們必須好好地準備，讓那兩、三個第二階段人生者可以和大多數第一階段人生者待在一起！這必定就是耶穌所說「扛十字架」的意思。

幾乎大多數的團體和機構，都是生命第一階段的結構，我說這個並不是要讓你灰心，而是正好相反。我這麼說，首先是因為那是真的，但也是為了避免讓你因為錯誤的期待，而感到沮喪、心灰意冷。不要期待或要求這些團體所無法給予的，那只會讓你自己陷入無止境的憤怒和反動中。他們**必然會**、**也將會**一直關切著身分、界線、自我維護、自我擴張和自我慶幸。這是它們的本質和目的。你只能期待從「兩個或三個人，因我的名字聚在一起」中，見到幾個開悟的領導者和政策。

在人生的第二階段，你能夠真正地祝福、允許他人去做他們覺得應該要做的事；如果他們傷害自己或別人，你也能反對、指責他們；但是你已經無法再加入他們第一階段的人生了。你可以因為這些組織所做的好事而成為它的成員，但是你不再將所有的蛋都放在同一個籃子裡了。這能讓你和其他人免於不必要的挫折和憤怒，也不用再敲著無法從另一側開啟的門。簡短來說，這就是我所謂的「新興基督信仰」[2]。

就連耶穌都說，不要將種子撒在人來人往的道路、石頭地或是荊棘中。他告訴我們，應該要播種在能接受種子的好地中（瑪竇／馬太福音 13:4-9）。我稱這種人為增殖者、默觀者，或是改變的元素。現在，我更常在教會以外的地方找到這種「好地」，許多教會中的人和團體都已經喪失必要的「初學者心態」。不過耶穌本人就曾預言過：「這些今世之子應付自己的世代，比光明之子更為精明。」（路加福音 16:8），這極可能就是他為什麼會讓罪人、外邦人、撒瑪黎雅人、女人、羅馬百夫長、窮人，還有痲瘋病人作為他故事主角的原因。

儘管在其中有那麼多善良、真誠的人，為什麼以梅瑟（摩西）、耶穌、穆罕默德之名所組成的宗教，卻是以排他、對立來定義自我，唯一的解釋就在於，到目前為止，歷史大多只問關於第一階段人生的問題。我一直覺得很有意思的是，耶穌給伯多祿（保羅）用來束縛與釋放的「天國的鑰匙」（瑪竇／馬太福音 16:19），幾乎只用來束縛，鮮少用來釋放——除非是在後者對教會機構有益的時候。後來我想到，人生的第一階段原本就是用「不」來定義，而人生的第二階段則是以「是」來定義，當我想起時，就能理解這點了。我很感激耶穌是來自第二階段人生的導師，根據伯多祿的說法，耶穌總是說「是」。

寂寞與孤獨

當你說「是」，但是你所有的老朋友都說「不」的時候，確實會真心地感到寂寞。所以，當你的舊團體、老交情、甚至教會都不再像過去那樣與你完全地交流時，你要先做好準備。不過我向你保證，那些讓人迷惑的感覺，將會被一種新感覺遠遠地超越：你能獨處，而且能夠快樂地獨處。在這個階段，你將會有一個驚人的發現，就是**寂寞的解藥，居然是孤獨**！誰想像得到會是這樣？此時此刻，我獨自一人在為期四十天的四旬期隱修中寫下這段文字。我感到無比地快樂、與其他人更為貼近、透過祈禱與地球生命的悲劇意識合而為一，而且在此同時，我還有著如此的「產

2 McLaren, Brian, Phyllis Tickle, Shane Claiborne, Alexie Torres Fleming, and Richard Rohr, "Emerging Christianity" (2010) and "Emerging Church" (2009), recorded conferences, available at http://cacradicalgrace.org

能」——或許大多數人無法想像，但這是一種不同層次和不同品質的產能。人一旦進入深刻的時間內，他就與聖徒和罪人、過去與未來合而為一了。（順道一提，我覺得這是一種理解重生的絕佳方式！）在深刻時間內，每個人都很重要，並有其各自的影響力，而基於某種原因，它影響著「現在」，而不僅僅是過去。

基本上，人生的第一階段是書寫內文，第二階段則是書寫對內文的評論。隨著年齡增長，我們都逐漸轉向一種快樂而必要的內斂。這種內斂開啟了生命給予我們以及從我們身上拿走的一切。我們專注於一種自然而然的必要沉思之中。對於大多數老年人都不喜愛吵雜的音樂、不必要的娛樂消遣以及大量的人群，我們實在不用感到驚訝。因為如果我們跟得上靈魂的時間表，我們也會朝著減少刺激的方向移動。我們已經被生命刺激夠了，就算是下意識地，我們也必須處理它、整合它。在這個階段，寂靜和詩歌將成為更自然的聲音、更美麗的耳朵[3]。大部分的生命開始變得高度象徵性而且相互連結，細小的事物則逐漸成為其它一切的重要隱喻。寂靜成為唯一開闊到能包容一切的語言，避免我們回頭陷入二元對立的評斷與分裂的爭端。

如今，霍金斯、奧利佛、大衛・懷特（David Whyte）、列薇托芙（Denise

Levertov）、內奧米・謝哈布・奈（Naomi Shihab Nye）、里爾克還有艾略特，他們的詩作都訴說著你內在的體驗，即使你以前沒有讀過任何一首詩。而一些奧秘者，例如魯米、哈菲茲、卡比爾、十字若望、聖女小德蘭、巴爾謝姆托夫（Baal Shem Tov）、諾里奇的猶利安、拉比亞（Rabia），他們說不定比那些屬於你傳統的人更能讓你感到心有戚戚焉，即使在此之前你根本不知道、也不在乎他們到底在說些什麼。當你開始了解一群截然不同的全新腦袋，你可能會和耶穌一樣，很快就感到「無處可安枕」！在政治上，也是如此。事實上，如果你的政治理念沒有變得更有同理心與包容性，我很懷疑你是否走在第二階段的旅途上。

剛開始的時候，這會有點令人驚慌，但是問題的重點已不再是：「他或她是否屬於我的團體、我的國家、我的政黨、我的社會階層？」而變成是：「他或她是否已經超越並進入了宏觀的全景之中？」這種全新的、不能算是團體的團體，它的成員似乎能更輕易地與彼此溝通。有些人稱之為「新興基督信仰」或是「新興教會」。那並不

3 Sardello, Robert, *Silence: The Mystery of Wholeness* (Berkeley, Calif., Goldstone Press, 2008); Picard, Max, *The World of Silence* (Washington, D.C.: Regnery Gateway, 1988).

是一個讓你加入、有人創立或發明的東西。你只不過是發現它，然後突然到處都見到它——它早已存在了！這種不是團體的團體，兩、三個為了更深刻的真理而聚在一起的團體，創造出一種嶄新層次的歸屬、對話和情誼。他們仍然可以和原本的老朋友欣然相處——只要不要談到任何嚴肅、政治或宗教的話題就好。

處在這個階段的人，有種**雙重歸屬**的特質。沒有哪個團體能夠完全符合他們的需求、渴望以及願景。如果你已經閱讀本書這麼久了，我打賭你就是個「雙重歸屬者」，或是三重、甚至更多重的歸屬者！被殖民的人民、被壓迫的人民，以及每一種少數團體，都必須學習讓自己歸屬於好幾個不同的層次，藉以存活度日；對於我們這些相形之下舒適自在許多的人而言，學會這個仍然不容易，但到了最後，這就是許多人努力想達成的——儘管們自己並沒有意識到。

兩者皆是的思考

當然，這裡所要闡明的，是一種新發現的、許多宗教稱之為「非二元性思考」或兩者皆是思考[4]的能力。這幾乎已經成為我們進入第二階段生命的里程碑。更為平靜、經過深思的看法並不會自己突然出現，而是在無意識的狀況下，經過多年的衝突、混亂、修補、擴展、愛與原諒現實當中，逐漸成長起來。當我們學會「包容負面」，或如耶穌所說的，從內到外都「寬恕敵人」時，它就逐漸地浮現。

你不用再時時刻刻地將一切劃分為上與下、完全正確或是完全錯誤、贊同我或是反對我。就是**這樣**而已。**這種平靜，讓你以更多的透徹與犀利，去面對你必須面對的**。這絕對不是一種被動的姿態。事實上，這是真正的深思與技巧性的行為之間至為關鍵的連結。其中最大的差別就在於，你那渺小而瑣碎的自我已被排除了，所以，如果上主想要用你（祂總是如此打算），現在祂的機會比以前大多了！

二元性思考最常見的模式，就是透過「比較」來認識事物。基於某種原因，一旦你開始比較或是貼標籤（也就是評斷），你總是可以歸結出一個是好的，另一個是比較不好、甚至是壞的。別聽我的片面之詞，只要注意你自己的想法與反應就足夠了。你會看到自己幾乎是自動地將一切區分為上或下、裡面或外面、支持我或反對我、對或錯、黑或白、同性戀或異性戀、好或壞。這就是為什麼一些播惡遺臭的想法如種族

4 Rohr, Richard, *The Naked Now: Learning to See as the Mystics See* (New York: Crossroad, 2009).

歧視、性別歧視、階級歧視、對同性戀的歧視、宗教帝國主義，還有各式各樣的偏見，會連好人都如此難以跨越的基本原因！

以下是二元性思考的心智的常見特徵：**比較**、**競爭**、**衝突**、**陰謀**、**譴責**，**在排除對立的證據後**，**不受懲罰地將別人釘上十字架**。你可以說這些就是多數暴力的根源，然後幾乎毫無例外地，它們都被神聖化為良善、必要的作為，是為了「讓世界的民主更安全」或是「為天堂拯救我們靈魂」。

在人生的第一階段中，為了創造出一個明確的「暫時性人格」，我們迅速地為自我劃定界線、設定明確的目標，非二元性思考與深思都被擱置一邊，或完全遭到否定。然而，二元化的思考只能運作一陣子，只能讓我們起步而已。如果是青少年，他們真的認為自己所支持的籃球隊、部隊、族群、甚至是他們的宗教擁有道德上或「超自然」的優勢，那還說得過去；但是你仍會希望他們可以學到，這種極端的想法不過是第二階段人生所同意的一種遊戲而已。當你逐漸朝著宏觀的方向移動，認知到上主創造了萬物，也愛萬物（無論是道奇隊還是洋基隊、黑或白、巴勒斯坦人和猶太人、美國人或阿富汗人），你的精神架構應該也會逐漸成長。

問題就在於，太多人到達不了那個境地！我們往往與自己的框架、遊戲和救生筏緊緊相連，反而讓它們成為客觀真相的替代品，因為那是我們所僅有的！在這樣的陷阱中，大多數人看不清這些事物的真實面貌，反而是看到**自己想要看到的面貌**。在我的經驗中，這基本上就是世界大部分的狀態，除非那人有進行內在的功課，或至少作了一些陰影的功課，因此進入了智慧的、非二元性的思考。透過數世紀以來鉅細靡遺、完全誠實的自我觀察，佛教或許比世界上任何宗教都更擅長於幫助人在自身中看到這一點。耶穌也看到了，但是我們卻沒能把他看得很清楚。

在人生的第一階段，所有負面的、神秘的、可怖的，以及有問題的，總是被輸出到別的地方。這麼做能迅速賦予你一個可供暫時運作的堅固自我結構。但是，這樣的分割並**不是客觀的真理**，只是對你個人的目標有利而已！這種偏頗，終究會朝著同一個方向被解決、被平衡。這種整合，或是我喜歡稱為「原諒一切」的過程，就是成長、成熟，以及神聖。

到了人生的第二階段，你之前為了創造理想自我而回避的一切，都會像真正的朋友與老師一般，回到你的生命中。行動派成為思想派，感覺派則變成行動派，思想派成為感覺派，外向變內向，夢想者變成實行者，而實行者則追求未來。我們都朝著過去四十年來所回避的地方前進，而這將會讓我們的朋友大為驚訝。現在我們逐漸明白，為什麼耶穌總是歡迎外人、外邦人、罪人還有受創者。他身負一個半點都不令人羨慕的任務——試圖去教導這個大部分由第一階段人生者所組成的歷史、教會和文化，關於人生的第二階段。

聆聽他那包容性廣大、卻也容易招致危險的想法：「光照惡人，也光照善人；降雨給義人，也給不義的人。」（瑪竇／馬太福音 5:45）或是「免得你們收集莠子，連麥子也拔了出來。讓兩樣一起長到收割的時候好了。」（瑪竇／馬太福音 13:29-30）如果我在我的道德神學課中，提出這樣不清不楚的想法，八成會被當！

我深信，耶穌是西方第一位非二元性的宗教思想家（有類似的哲學家，例如古希臘哲學家赫拉克利特〔Heraclitus〕），但是他的教誨立刻就被希臘的二元化邏輯給過濾了！如果你正試圖要創立一個穩固的團體、想要澄清首要原則，或是想展現你的想法優於其他人，那麼非二元性的智慧毫無幫助。在那個階段中，真正的智慧看起來像是虔誠而危險的詩。在那段我們必須經歷的人生早期階段，這樣的告誡很可能是對的！這就是為什麼神職人員和靈修導師必須是第二階段人生者的原因，這同時也解釋了為什麼那麼多人在成長的早期階段，在聽到耶穌的教誨後，會毀壞、操控、矮化耶穌智慧的原因。

所以，在能夠細微區分之前，我們必須先將這兩件事分清楚。二元化的思考可以讓你進入**正確的區域**（「你們不能事奉天主而又事奉錢財」）；非二元化的智慧，或說是大多數人所稱的「默觀」，則是我們進入正確區域後必須要做的**思考**：「現在我已經選擇要侍奉神了，那究竟意味著什麼？」非二元性的思考建立在你已經掌握二元化思考的明確性，只是你會發現，對於真正重大的議題，如愛、苦難、死亡、上主，還有任何關於無限的問題上，二元化的思考**有所不足**。簡短地說，我們**兩者都需要**。

除非你讓生命的真理用它自己的方式教導你，除非你發展出某種能夠辨明並且超越二元心智的實際做法，否則你將永遠地停留在人生的第一階段——像目前為止大多數的人類一樣。在生命的第一階段，你無法接受不完美，也不能接受生命的悲劇意識，到最後，這意味著你無法深切去愛任何東西或任何人。只要大多數人繼續維持二元化思考、堅持「非此即彼」，歷史就不可能有所改變。這樣的切割和否定，將使我們停留在同一個層次，永遠只有訊息、資料、事實，還有無止境的相同爭論。我們用越來越大的聲音，以越來越強烈的自戀高喊著：「我的事實比你的事實好！」

依撒意亞（以賽亞書 11:12）、保祿（格林多／哥林多前書 12:8-9）還有經院哲學（Scholastic Philosophy）都早已將智慧區分出來，他們討論到，分析的智能、直覺、先天智能（即「惺惺相惜」）是屬於不同層次的意識。我們活著的這個年代，終於能自由地體會他們的見解有多麼正確。

現代科學大多能區分「看見者」、「被見到的」或是「能被看見的」這三者之間非常真實的和諧性。**智慧的洞見，總是先改變看見者，然後明白他之所見將能解決大多數的疑問。**幾乎就是這樣地簡單，也總是那樣地困難。

完整的人不論走到哪裡，都能看見完整、創造完整；切割的人不論遇上什麼事、什麼人，都只看見切割、造成切割。等到我們進入人生的第二階段，就注定要看見整體，而不再只是部分而已。但是，我們必須先**向下墜落**到混亂的部分之中，才能抵達完整。事實上，要經過那麼多次的墜落，我們才會渴求完整超過所有的一切，包括我們自己。我向你保證，這個「統一場」就是**向上**而且永恆的唯一意義。

第十三章

向上墜落

重力法則多麼地確然，
如海洋潮汐般地強大，
抓住最微小的事物，
拉向世界的中心……
這就是我們能學到的教訓：
墜落，
耐心信任我們的沉重。

——里爾克《時辰之書》（*The Book of Hours*）

我們大多數人都以為，生命第二階段的內容，大多是關於變老、面對健康問題、放棄我們的體能生活，但是本書的主題恰好相反。墜落，其實更可以解釋為向上、向前墜落，然後進入更開闊、更深層的世界。在那裡，靈魂可以找到完整，並且終於和整體合而為一，活在宏觀之中。

這並不是一種損失，而是一種收穫；不是輸，而是終於勝利。你大概要見過至少一個真正的進階長者，才能想像這可能是真的。我一生中曾見過許多這樣的光明之人，因而明白這其實相當常見。他們活出了人類的完整，而且往往是在困境之下，透過個人或間接的苦難經驗。正如耶穌所描述的，這種人「從他的心中要流出活水的江河」（若望／約翰福音 7:38）。比起現今我們過於關切的名人和政客，這些人才是我們人性的典範和目標。

我最近看了一部紀錄片，是關於一位同時失明、失聰的女性——海倫．凱勒。她似乎在一般人還處於生命第一階段的年紀時，就躍入了生命的第二階段。當她發現，儘管自己的肢體有著極大的侷限，但她生命的深度卻毫不受到影響；她一輩子都活得相當地快樂，並且激勵著別人。她深信，人生是為了要服務他人，而不是保護或是惋惜自己看似缺陷的肢體。

這似乎就是轉化與未轉化的人之間的差異。偉大的人是為服侍而來，而不是被服侍。這正是戒酒無名會深具啟發性、最終與必要的第十二個步驟：「**除非你將自己的生命獻給他人，否則你永遠無法擁有深層的生命。**」好的家長都深深地學會了這一點。我所認識的人當中，最快樂、大方與專注的人，通常是年輕的母親。這真是另一種矛盾的弔詭。我們似乎透過反應、愛與他人需求的挑戰，來「反照」出生命。感謝上主，安．蘇利文（Anne Sullivan）知道要如何美麗地反照出海倫．凱勒的生命，儘管她為了這份關愛付出了很大的代價。如果想要讓生命繁盛茁壯地成長，我們都至少需要一面像這樣的鏡子。

映照

在我年近五十的時候，我發現許多人敬愛、欽仰的那個我，並不是我；許多人排斥或拒絕我，也是因為相同的原因。相對的，也有許多人愛我，是因為我真實的樣貌（儘管它有缺陷），**這才是唯一能救贖我的一種愛**。還有許多其他的人，合理地批評我真正的面貌，將我的陰暗面揭露給我看，雖然這非常痛苦，但往往對我助益良多。但是愈加明顯的是，他們對我的各種回應，反映出的其實是他們自己，而不是我；被揭露出更多個人特質（無論是好特質還是壞特質）的，也都是**他們**！

美麗或醜陋，會隨著觀看者的不同而有所差異。善良的人會映照出自身的善良，我們也因此喜愛他們；不成熟的人則會將他們混亂而不足的人生反映出來，所以他們總是讓我們感到迷惑、摸不著頭腦，而且難以喜愛。

無論如何，唯有那些回應真正的你（無論好壞）的人，才能真正地幫助你。中年時期的功課，大部分是學習如何區分**仍然靠你來處理他們問題的人**，以及**願意和真正的你相處的人**。身為一個年紀較長、擁有「神父」頭銜的人，我發現自己往往肩負著人們對於「爸爸」的投射——這點有好也有壞。這是把雙面刃，因為藉著這種形象的投射，我能輕易地治療他們，也能輕易地傷害他們。但是從實際面來說，其實重要的不在於我，而在於我作為他們藉以反射、投射的那面鏡子。

等到人生的第二階段時，你將學會區分真正的你，以及其它人是否能反照出這一點。這能避免讓你過度認真地看待他們的羞辱及讚美。我懷疑這種平靜的辨別力和超脫的心態，是否可能在你五十歲中期之前就擁有。我們多麼迫切地需要真正的長者來清理我們的所見，為我們停止那扇反映大廳的旋轉門。

我們都是從他人身上拿取自己所需的、獲得自己想要的，並且拒絕我們不該有的。不要把你一開始收到的反應當真。唯一有意義的問題應該是「這是真的嗎？」，而不是「是誰說的？」、「在什麼時候、在哪裡說的？」、「這是聖經或教宗或我的長官說的嗎？」或是「我喜歡這種說法嗎？」唯一有意義、有幫助而且謙卑的問題是：「這是否是客觀的真相？」

在人生的第二階段中，你逐漸踏出旋轉與自我投射的鏡子大廳。如果你擁有一面**真實的鏡子**，你就能做得很不錯，一個誠實而愛你的朋友可以讓你腳踏實地，而那可能只是來自於一個朋友肯定的目光。無論如何，你至少要找到一面能揭露你內在、最深層、最正確、也是最神聖的真正的鏡子。讓人倍感親密的時刻，往往就是雙方美麗地互相照映、接受的時刻；而這樣的親密，能夠深刻地幫助我們、療癒我們。以為單靠自己就能誠實地反映自我，是第一階段人生的幻覺。成熟的靈性必然堅持：個人的話，要有靈魂的朋友、導師、懺悔對象、精神導師、大師還有靈修指導；是團體和機構的話，則要有先知與真理發言者。

我方濟會的姊妹聖佳蘭（St. Clare of Assisi，1194-1253）似乎發現，鏡子是她在靈命生活的事件中，最常見而最有幫助的影像。她喜歡建議她的姊妹三不五時地「站在鏡子前」、「讓光線反映你」還有「每天抬頭望向那扇完美之愛的鏡子」。她清楚地明白，**靈命的天賦永遠是反照出來的禮物**。比起漢茲．柯胡特（Heinz Kohut）的自體心理學（Self psychology）以及我們目前對鏡像神經元的了解，聖佳蘭要早上八個世紀。**奧秘者通常能意會、活出科學家在之後才證實的事實**。

我們真的可以透過別人的眼睛來發現自己，而且唯有在誠實地發生之後，我們才能自由、真實、充滿同理心地反映出別人。耶穌在聖佳蘭之前十二個世紀，就已說道：「眼睛就是身體的燈。所以，你的眼睛若是康健，你的全身就都光明。」（瑪竇／馬太福音 6:22）這所有的一切，都在於我們要學會如何去「看」，而這絕對需要花上我們絕大多數的人生，去好好、真實地看。

在人生的第二階段中，人們比較不能影響你，同時也比較無法控制或是傷害你。第二階段人生的自由，就是無需求。我年輕時狂喜的鏡像，以及成年時成熟而誠實的鏡像，反映出我需要以及我能看見的事物，它們讓我準備好完全接受這面慈善而神聖的鏡子，它總是在我能處理和享受之際，讓我看見自己。在我的人生中，我曾經在我的人際關係、專業、感情還有身體上，多次地墜落，但情況總會有種彈跳床的效果，讓我最終能夠「向上墜落」。**向下墜落從不曾是結果，事實上它造就了回彈！**

上主知道我們終究都會為了某些原因墜落。那些讓我們覺得像個大災難的事件，對上主而言想必都是常見的工作內容——一天至少六千萬次吧。如同每一個好的靈性指導者會做的，上主必須在我們每一次失敗之後說：「噢，這是個大好的機會！讓我們看看能如何運用它！」在我們自我膨脹的成功之後，上主也必然會說：「好吧，接下來不會發生什麼新鮮事或是好事了。」失敗與苦難是偉大的平等儀，能讓所有人都站在相同的基礎上。而成功，卻恰好相反。

在苦難的四周所形成的共同體和承諾，遠超過我們在很棒、很優秀的時候所擁有的，這點只要比較一下那種真正的承諾與託付，那種人們互相託付，或是託付給世界、給真理，尤其是共同經歷過悲傷死亡的家庭之間，或是在安寧工作者和病患之間的深刻結合，就能一覽無遺。當人們處在真正的痛苦中，會有種奇特、甚至美好的共融，遠超過處在喜樂之中——後者往往是製造出來而易逝的。在某種程度上而言，痛苦帶來的效應絕非一時之間，痛苦一般也較少是製造出來的。因此，比起快樂，痛苦才是通往持續共融的誠實之門。

福音的特質，就在於**將問題包容在解決之道中**：墜落成為站立，絆倒成為發現，死亡成為再生，救生筏成為岸邊。微小的自我很難輕易地看到這一點，因為自我對自己的懷疑是如此之大，而且它也仍舊太過脆弱，容易陷於自己造成的悲劇之中。它活得還不夠久，無法看見偉大的模式。難怪我們有那麼多的年輕人自殺。這就是我們為什麼需要長者，以及那些可以真實反映生活和基礎給年輕人的人。親密的「我—祢」關係，就是最偉大的鏡子，所以我們絕不敢避開他們；但是對年輕人而言，他們或許還沒有在任何深度中找到自己的位置，所以年輕人總是脆弱的。

隨著時間，我們將發現，這樣的墜落、偉大而神聖的凝視、終極的我—祢關係，總是充滿同理心和擁抱一切的包容，若非如此，它就不神聖了。和許多真實的鏡子一樣，上主的凝視接受了我們真正的模樣，沒有批判、扭曲或是增減。正是這種**完美的接納**才得以改變我們，因為我們一生都在渴望真正的自我能被完全地接納。

我們所能做的，就是每天接收上主愛的凝視，再將同樣的凝視回給上主。之後，我們就能擁有內在的自由，也能感受到深刻的喜樂。全知者能夠包容、接納並且寬恕一切。很快地，我們這些受到完美凝視的人，就能以同樣接納的凝視回以每一個需要的人，不再有任何類似「他／她是否值得我這麼做？」的疑問。因為我們所接受、獲得的一切，也遠遠超過我們所值得擁有的。

只要記住這點：除了你之外，沒有任何人能阻隔你前往第二階段的人生。沒有什麼能阻止你的第二段旅程，除非你自己缺乏勇氣、耐心與想像力。要走上或避開你的第二段旅程，完全在你。我深信，第一階段旅程的崩解是必要的，所以不要再浪費一分鐘去惋惜不幸的成長過程、失去的工作、失敗的人際關係、肢體障礙、性別認同、貧窮、甚或是任何虐待所導致的悲劇。**痛苦是這筆交易的一部分**。如果你不走入你第二階段的人生，那就是**你不想要**。上主永遠會給予你真正想要而且渴求的。所以，確定你渴求的、深切渴求的，渴求自己、渴求神、渴求一切良善、真實與美好。

所有的清空都只是為了偉大的流注。

上主和自然一樣痛恨空洞，於是會衝過來填滿。

結語

牟敦詩作的默想

從我首次在高中神學院的圖書館中，讀到他於一九五八年成書不久的《約拿的神蹟》（*Sign of Jonah*）後，修道院修士牟敦就成為我主要的老師和啟發，他於一九六八年悲劇性地死亡。一九八五年的復活節季節，我在修道院長的邀約下，於他所在的肯塔基州的革責瑪尼隱修院（Gethsemani）完成我的第一次隱修。我只短暫地見過牟敦一次，那是在一九六一年六月初，當我與雙親造訪修道院的時候，他就走在我的前方。那天我剛從辛辛那提一所高中畢業，根本沒想到他沒多久後就會過世，也想像不到他對這世界上的人還有對我的持續影響力。

我相信，牟敦和朵洛絲黛這兩位，可能是二十世紀美國天主教徒中最具影響力的人。牟敦的一生就是一則弔詭的寓言——就跟我們所有人的人生一樣；但是他卻擁有為我們描述他與神的內在生活的神秘能力。他在一九四八年就宣告絕版的暢銷書《七重山》（*Seven Storey Mountain*）陳述了生命的第一階段。其中的熱情、詩意、發現以及新尋獲的狂喜，都是如此輝煌奪目，只是仍然相當地二元化。

下面的詩作《當在平靜門徒的靈魂中》（*When in the Soul of Serene Disciple*）是牟敦十年之後的作品，不過當時他也才四十多歲。我以這首詩作為我們這段共同旅程的結束。此處所呈現的自由，可能正是更進一步的旅程即將引領你去的地方。我誠心希望如此。

當在平靜門徒的靈魂中

當在平靜門徒的靈魂中
不再有可模仿的神父。
貧窮是一種成功，
說屋頂不見了是樁小事：
他甚至沒有一棟房。

星辰，還有朋友
對尊貴的廢墟感到憤怒。

聖徒朝著八方而去。

靜下來：
已經不再有評論的需要。
那是幸運的風
吹走了他的光環與介意，
幸運的海洋淹沒他的名聲。

在此你將發現
不是諺語亦非備忘錄。
沒有道路，
沒有方法可欽佩，
在貧窮不是成就之處。
他的神如疾病般住在他的空蕩之中。

還留下什麼選擇？
好吧，平凡不是一種選擇：
那是沒有遠見的人
所持有的尋常自由。[1]

一九八五年，我在他的修道院第一次讀到這首詩的時候，這首詩就深深地打動了我。我提供此詩作為一個簡單的默想，如此可以讓我們不斷地重新造訪，以歸結出這段旅程將引導我們抵達何處。

當在平靜門徒的靈魂中
在靈魂的層次上，和在時間的寧靜之中，

1 Merton, Thomas, *Collected Poems* (New York: New Directions, 1977), 279f.

不再有可模仿的神父。

當你超越了「權威的」、集體的，還有模仿的之後，就必須做回真實的自我。

貧窮是一種成功，
說屋頂不見了是樁小事：
他甚至沒有一棟房。

當你已經走到自己的底限，或自認為走到了最底；當那些讓你感到羞辱的陰暗課題永不停止；當你的安全感與保護的界線越來越沒有意義，而你的「救贖計畫」已然失敗時；

星辰，還有朋友
對尊貴的廢墟感到憤怒。
聖徒朝著八方而去。

當你被善良的人、被家人，或是被不瞭解你、批評你、甚至是因你的錯而感到高

興的朋友所傷害，因而引發出巨大的自我懷疑時，

靜下來：
已經不再有評論的需要。

內在生命的寧靜、孤獨和沉思，是唯一能讓你腳踏實地和找到目標的方式。別去他處尋找滋養。

那是幸運的風
吹走了他的光環與介意，
幸運的海洋淹沒他的名聲。

必然會有一個絆腳石，讓你放開緊握的第一階段生命，奪走任何殘餘的優越自我形象。（牟敦稱這個跨越點為〔幸運〕，而且確實視其為靈魂成熟的過程中，必須而正面的苦難。）

在此你將發現
不是諺語亦非備忘錄。
沒有道路，
沒有方法可欽佩，

不要在心裡頭向前看或向後看，試圖尋找解釋或是安慰；不要試圖躲在你曾經用過，而現在覺得自己可以向大家推薦的秘密特殊方法的後面！（我們這些愛訓話的人總是覺得我們應該這麼做）現在確信少了，只有原本、不加掩飾的信仰。

在貧窮不是成就之處。
他的神如疾病般住在他的空蕩之中。

這不是你透過努力或洞察力才來到，或是匍匐跪拜而到的境地。你被帶領到「那裡」，而你的「那裡」正是一片虛無。（也就是說，它是**一切**，但並不是你預期中的一切！）這樣的神總是一種失望，至少對那些曾經以任何方式「使用」神的人而言。沒有什麼可以索討了。上主不是任何一種所有物，也不是為了你的自我、你的道德、你的優越、或是你對資訊的掌控。這是十字若望和奧秘者的「虛無」，這是被釘在十字架上的耶穌。但是，當它仍舊是一種「苦惱」時，它是一種平和的虛無，一種發光的黑暗。

還留下什麼選擇？
好吧，平凡不是一種選擇：
那是沒有遠見的人
所持有的尋常自由。

在第二階段的靈性生命中，你不太做選擇，而是被指導、教導和引領——這導致了「沒有選擇的選擇」。因為你已成為那樣的人，而有那些你無法**不做**的事；你不需要去做的，是因為它們不是你該做的；你絕對必須要做的，是因為那是你的命運和最深沉的渴求。推動你向前的動機，已不再是金錢、成功或是他人的讚許。你找到了屬於你的神聖之舞。

現在你唯一的特殊之處，是完全的平凡、甚至「沒有選擇」，遠遠超越了強烈的意見、需求、喜好以及生命第一階段的要求。你再也不需要你的「遠見」了，因為你欣喜地參與上主對你的「遠見」。

擁有這些，我們在早年時期的美好夢想，將轉化為別人對我們的夢想。我們從駕駛座上移開，成為一個仍然能向駕駛提出建議的快樂乘客。從此之後，我們就是「平靜的門徒」，以過去從不曾有的方式，活出我們獨特的靈魂，活在上主的精神與心靈之中，然後在偉大的普世之舞中，取得我們的位置。

阿們，阿門，阿肋路亞（阿門，哈利路亞）！

默觀，看見生命的實相

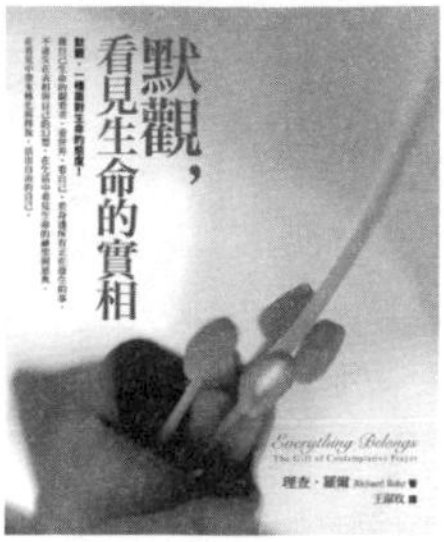

理查・羅爾 Richard Rohr 著
王淑玫 譯
定價260元

默觀，是一種面對生命的新態度。
做自己生命的觀看者，在生活中看見生命的神聖與恩典，
在看見中帶來轉化與釋放，活出自由的自己。

對於人生的苦難和自我的陰影，人們通常會選擇這兩條路：對抗的路，以及逃避的路。然而，這兩條路都不是面對生命的最佳路徑。選擇對抗，會讓人執著於控制與對立；選擇逃避的人則會被自我蒙蔽，因而被恐懼、憤怒和各種批判牽著走。
其實，除了對抗與逃避，還有第三條道路可以選擇——默觀之路。默觀之路不是否認和丟棄，而是承認、尋回我們的陰影和苦難，接受現實生活中發生的一切，並且活出現實。唯有如此，才能帶來意識的改變和心靈的轉化，得到真正的平靜與自由。
在本書中，理查・羅爾神父告訴我們，如何培養一種全新面對生命的態度——默觀的生活態度。我們將學會保有「初心」，並藉由默觀祈禱淨化自己的心靈，擺脫先入為主的成見，以嶄新的眼光去看一切事物。我們也將瞭解「活在現實中」的真義，在真實生活中尋找神聖的空間，現實的苦難是靈性成長的基石，而生命的創傷，正是超越苦難的道路！
透過本書，我們將看見自己生命的真實樣貌。本書也將引領我們重返圓心，做回真實與完全的自己，然後在生命的實相中，結出豐碩、完整的靈性果實。

放下對立，遇見喜樂的內在世界

理查・羅爾 Richard Rohr 著
王淑玫 譯
定價320元

每個人都該抵達的內在世界！
改變「看」的方式，生命將在當下轉化。

我們早年從社會文化中學到的，都是「非此即彼」、「非贏即輸」的二元化思考方式。這種二元對立的心智賦予我們理智和安全，幫助我們追求現實的地位與成就。然而，在面對人生的重大問題或抉擇，例如死亡、愛、苦難和信仰時，二元化思考就明顯地不足了。它會侷限我們，讓生命一直原地踏步，各種焦慮、恐懼、壓力也就隨之而來。
在本書中，羅爾神父透過一連串的省思、故事、宗教經典與聖經，以及最後的實際修鍊，來呈現生命更深一層的探索。非二元的心智不是「二選一」的片面思考，也不是只看到自己想看的部分，而是囊括一切，關注當下的臨在，看見真實的自己與事物的真實面貌，完整地體驗生命，包括好的、壞的、甚至是醜陋的。
唯有換上非二元的心智，才能真正帶來心靈的轉化與生命的改變。透過本書，你將學到：
◆為什麼你的「自我」會抗拒改變和成長。
◆書中的「近似法則」和「吸引力法則」有何不同。
◆西方第一位非二元的靈性導師耶穌，能教導你什麼。
◆如何在維持理智思考的同時，喚醒、強化你的靈性意識。
透過本書，羅爾神父將幫助我們跨越二元心智所帶來的焦慮與恐懼，在不完美的生命中活出平安與自由，與內在世界的喜樂相遇。

國家圖書館出版品預行編目資料

踏上生命的第二旅程 / 理查．羅爾(Richard Rohr)作；王淑玫譯. -- 初版. -- 臺北市：啓示出版：家庭傳媒城邦分公司發行, 2012.05
面；　公分. -- (Soul系列；31)
譯自：Falling upward : a spirituality for the two halves of life

ISBN 978-986-7470-66-9 (平裝)

1.基督徒　2.靈修

244.93　　101006266

Soul系列031

踏上生命的第二旅程

作　　者／理查．羅爾 Richard Rohr
譯　　者／王淑玫
企畫選書人／彭之琬
總 編 輯／彭之琬
責任編輯／周品淳

版　　權／黃淑敏、翁靜如
行銷業務／莊英傑、林秀津、王瑜
總 經 理／彭之琬
事業群總經理／黃淑貞
發 行 人／何飛鵬
法律顧問／元禾法律事務所 王子文律師
出　　版／啟示出版
115台北市南港區昆陽街16號4樓
電話：(02) 25007008　傳真：(02)25007579
E-mail:bwp.service@cite.com.tw
發　　行／英屬蓋曼群島商家庭傳媒股份有限公司 城邦分公司
115台北市南港區昆陽街16號8樓
書虫客服服務專線：02-25007718；25007719
服務時間：週一至週五上午09:30-12:00；下午13:30-17:00
24小時傳真專線：02-25001990；25001991
劃撥帳號：19863813；戶名：書虫股份有限公司
戶名：英屬蓋曼群島商家庭傳媒股份有限公司城邦分公司
訂購服務／書虫股份有限公司客服專線：（02）2500-7718；2500-7719
服務時間：週一至週五上午09:30-12:00；下午13:30-17:00
24時傳真專線：（02）2500-1990；2500-1991
劃撥帳號：19863813 戶名：書虫股份有限公司
讀者服務信箱：service@readingclub.com.tw
城邦讀書花園：www.cite.com.tw
香港發行所／城邦（香港）出版集團有限公司
香港九龍土瓜灣土瓜灣道86號順聯工業大廈6樓A室_ E-mail:hkcite@biznetvigator.com
電話：(852) 25086231　傳真：(852) 25789337
馬新發行所／城邦（馬新）出版集團【Cite (M) Sdn. Bhd.】
41, Jalan Radin Anum, Bandar Baru Sri Petaling,
57000 Kuala Lumpur, Malaysia.
電話：(603) 90563833　傳真：(603) 90576622　E-mail:services@cite.my

封面設計／李東記
排　　版／極翔企業有限公司
印　　刷／韋懋實業有限公司

■2012年5月17日初版
■2024年8月 6 日二版2刷　　Printed in Taiwan

定價340元

城邦讀書花園
www.cite.com.tw